目覚めるアメリカ仏教

ケネス・タナカ

はじめに

この『目覚めるアメリカ仏教』には、二つの願いが含まれています。

その一つは、欧米において仏教が伸長しているという非常に興味深い現象を、日本の人により広く、詳しく知ってほしいということです。仏教は「西洋の壁」を超え、もはや「東洋」に限るものではなくなりました。

二つ目の願いは、現代日本仏教を新しい視点から考え、改革を目指す人々にとっての参考となることです。近代的要素をその当初から含んできたアメリカ仏教は参照するに値する、貴重な例ではないでしょうか。アメリカ仏教には、未来の仏教、いや、未来の宗教のあり方自体が潜んでいるのではないかと考えています。

日本とアメリカで人生を約半分ずつ過ごしてきた私にとって、本書が両国の仏教の間に渡す架け橋になることは、言葉に表せない充実感と感謝の意を感じています。

本書は、『目覚める仏教』（サンガ新書／二〇一二年）を底本に、最近の論考を加えたものですが、アメリカ仏教の部分は、『アメリカ仏教』（武蔵野大学出版会／二〇一〇年）を下敷きにしています。

目覚めるアメリカ仏教　目次

第二章

アメリカが仏教に出会う

第三章　仏教がアメリカに出会う

第四章　目覚める宗教としての仏教

第五章　現代社会の心の問題に応える仏教の心理学的アプローチ

第七章 二一世紀――グローバル化する世界での仏教の役割

第八章　現代における真宗のヴィジョン

第一章

アメリカで劇的に伸びる仏教人口

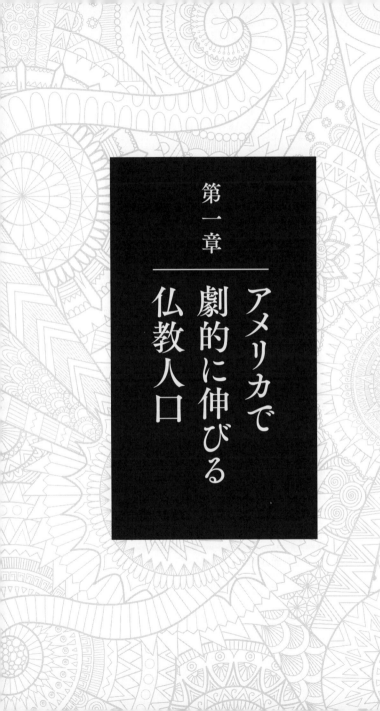

「瞑想するアジアのカルト」から「アメリカの一宗教」へ

アメリカの宗教として定着する仏教――

今、アメリカ合衆国で仏教人口が目覚ましい勢いで伸びている。アメリカで第一の宗教であるキリスト教徒の数は、現在約二億八〇〇〇万人。アメリカ人口の約六三パーセントを占めるといわれているのに対し、仏教徒の数はおよそ三三〇万人で、一パーセントにすぎない。キリスト教に比べれば、仏教はまだまだマイノリティである。

しかし、注目すべきはその伸び率にある。ある統計によれば、一九七〇年代半ばの仏教徒は約二〇万人であった。つまりその後の五〇年間で、一七倍に伸びたことになる。一方キリスト教徒は一九七〇年代半ばには、全米人口の約九一パーセントを占めたが、二〇一二年には約七五パーセントと大きく減り、二〇二〇年には六三パーセントとさらに減少した。この勢いでいけば、仏教は数十年後には、今まで長年米国第二位の座にあったユダヤ教徒（全米人口の二パーセント弱）を追い抜き、イスラム教（同じく全米人口の一パーセント）と争いながら、アメリカ第二位の宗教となる可能性が高い（二〇一〇年のPew Forumおよび二〇一〇年のPublic Religion Research Instituteの調査による）。

また、アメリカにおいて現在、自分を仏教徒だとは自己認識していないが、仏教に共感していると考える人々が約一七〇〇万人、さらに自分は宗教やスピリチュアルの考え方について仏教に重要な影響を受けたと考える人々が二五〇〇万人いると推定されている。これらを合計すれば、米国人口のおよそ一〇パーセント、約三〇〇〇万人におよび、驚くべき数の人が仏教の影響を受けていることになる。

こうした全米に拡大する仏教の存在感を反映して、アメリカのマスコミも近年、仏教を大きく取り上げるようになっている。有力誌『タイム』の一九九七年一〇月号は「仏教に魅せられたアメリカ」を特集。また、同誌二〇〇三年八月号は、仏教以外を含む何らかのメディテーションを行っているアメリカ人が一〇〇〇万人にのぼっていると指摘する記事を掲載した。さらに『ナショナル・ジオグラフィック』は二〇〇五年一二月号で「ブッダは昇る」（Buddha Rising）という特集を組んで、欧米での仏教の発展を取り上げている。他の媒体では、九〇年代半ば頃から映画やTVでも仏教をテーマにした作品や番組が作られている。代表的なものに『セブン・イヤーズ・イン・チベット』『クンドゥン』などがある。かつて「おへそを眺めながら瞑想するアジアのカルト」だと思われていた仏教は、今や「アメリカの一宗教」として定着しつつあるのである。

仏教の認知度を高めるセレブたち

アメリカ社会におけるこのような仏教の浸透は、六〇年代以降、政治家、芸術家などの知識人、また起業家、ハリウッドの映画人やミュージシャンなどのセレブリティ（有名人）たちの一部が仏教に強い関心を持ったことと、それをマスコミが伝えてきた影響が大きい。

ハリウッドを取り巻く業界には、仏教徒、および仏教に共感する者（仏教共感者）の数が多い。有名なところではスティーブン・セガール、オーランド・ブルーム、オリバー・ストーン、シャロン・ストーン、ケイト・ハドソンなど、そうそうたる名前が挙げられる。セガールはチベット仏教徒であり、日本で学んだ武道を基とし、多くのアクション映画に出演している。ブルームは、SGI（創価学会インターナショナル）の会員であり、二枚目役者として人気を呼んでいる。またオリバー・ストーンはチベット仏教徒であり、そのきっかけは、自身が脚本・監督した映画『天と地』（一九九三年、アメリカ）に登場した仏教徒の心の寛大さと強さに惹かれたからだという。女優のシャロン・ストーンは、友人のリチャード・ギアの紹介でチベット仏教に強い関心を持ち、チベット支援も積極的に行っている。

リチャード・ギアとチベット仏教

アメリカで仏教が具体的にどのように浸透しているかを、特徴的な活動をするセレブリティの仏教徒を例に見てみる。例えば、今挙げた俳優のリチャード・ギア

（一九四九～）は、一般のアメリカ人にとっては、ダライ・ラマに次いで有名な仏教徒である。ギアはダライ・ラマに師事し、チベット文化の支援を行っている。

彼と仏教との縁は、悩み多き二〇代に遡る。実存哲学の本をよく読んだそうだが、その際、あるチベット仏教の本に魅了され、仏教に興味を持ったのがきっかけである。最初、二四歳のとき臨済宗の佐々木承周《じょうしゅう》老師の下で坐禅を始めたが、その五、六年後にダライ・ラマに出会い、チベット仏教徒としての道を歩むことを決意する。

一九八七年にはニューヨークにチベット文化の保存と促進のため設立された「チベット・ハウス」の創立者の一人となり、一九九一年の「国際チベット年」制定に向けた活動や、自身が立ち上げたイニシアティブス基金を中心にインド在住のチベット人の健康保険確保など、社会慈善事業も行ってきた。修行面でも、今でも毎日四〇分のメディテーションは欠かさず、仏教の勉強も続けているらしい。

慈善活動や仏教伝道を行う動機について問われた際、ギアはこう答えた。

〝最終的に、（私が行っていることは）皆のためです。それは、皆が苦悩から脱するまでは、誰も苦悩から脱せられていないということです。そうでしょう？　それほ

ど我々はつながっているのですよ。〟(1)

しかし、信念ゆえの言動でブーイングを受けたこともある。二〇〇一年の九・一一テロ事件直後、ニューヨークで行われたチャリティー・コンサートの際に、仏教で説く業（カルマ・行い）の因果応報の法則に従って、「加害者たちも苦しむことになるので、彼らへも哀れむ気持ちを向けるべきだ」という意見を表明し、聴衆の反感を買った。

スティーブ・ジョブズと禅

コンピューターのアップル社を創業したスティーブ・ジョブズは、一九七〇年代半ばにサンフランシスコ禅センター所属の道場に通いながら坐禅に励んだことについて、本人公認の評伝『スティーブ・ジョブズ』の中で以下のように語られている。アメリカに坐禅をもたらした鈴木俊隆《しゅんりゅう》老師の『禅マインド　ビギナーズ・マインド』は彼の人生に最も影響を与えた本のひとつである。またサンフランシスコ禅センターの乙川弘文老師はジョブズの「スピリチュアル顧問」（spiritual adviser）として、長く交流を続け、結婚式の司会まで務めてもらった。ジョブズは、仏教のみに専念する正式な仏教徒ではなかったとしても、サンフランシスコ禅センターの恩師たちの教えに強い影響を受け、一時は、日本に渡り永平寺での修行まで真剣に考えた仏教共感者であった。

「やがて我々は皆『死ぬのだ』ということを念頭に置くことが、私の人生の重要な決断をする際に、最も重要な手立てとなった」

これは有名な二〇〇五年スタンフォード大学の卒業式でのジョブズのスピーチだ。この若い世代の卒業生に向けた発言で、我々は皆死ぬのだという自覚が、人生での決断を有効にし、そして死を念頭に置くことで、人の目を気にせず、また、失敗するのではないかという余計な心配をせずに済み、自分が本当にやりたいことを選び、納得できる有意義な人生を送れるのだ、とジョブズは訴えた。

一般のアメリカ人はこのような考え方は持たない。まして卒業式で、これから社会に出て行こうとしている若者に対して「死」という話題はなおさら口にしない。しかし、ジョブズをしてそうさせたのは、仏教的な考え方の影響である、と私は考える。

もちろん、死を話題としたことは、ジョブズが既に癌を患っていたこともあるだろうが、そのことを「生きるバネ」に転換し、若者を励ます原動力として提供したのは、彼の人生観の根底に仏教的な死生観があったからだと思う。

ジョブズへの禅の影響は非常に強く、「スティーブ自身はしっかりと禅的である」、と友人のダニエル・コトケは評している。さらに、彼の生き方や仕事などへの姿勢を「厳しい、ミニマリスムの美的感覚と強烈な集中力」と見ている。このような性格こそが、ジョブズをしてアップルという大会社を創立せしめ、経営者とさせたのである。その中でも、ミニマリスムの美的感覚はアップル商品のシンプルなスタイルにも反映されていて、私は特に黒色のiPhoneには、禅の美的センスを感じる。このように、ジョブズという人物を通して、間接的ではあるが仏教思想と禅的美的感覚が、世界に発信されているのである。

ティナ・ターナーと創価学会

ティナ・ターナーは日本でも有名だが、このアフリカ系アメリカ人歌手は、ＳＧＩ

（創価学会インターナショナル）に所属している。ただ、私が知っている限り、ＳＧＩの組織に深く関わっているわけではなく、自宅でプライベートに題目を唱える熱心な信仰者であるという印象が強い。それを証明するある出来事があった。一九九七年、ターナーがＣＮＮテレビの「ラリー・キング・ライブ」という有名なインタビュー番組にゲスト出演したときのことだ。司会者のキングは、仏教徒に改宗したターナーに「仏教徒は何をするのですか」と聞くと、彼女は、「題目を唱える」と即答した。そしてキングの求めに応じて一分ぐらい「南無妙法蓮華経、南無妙法蓮華経、南無妙法蓮華経、南無妙法蓮華経……」を唱えたのである。それもリズムをつけて、一流歌手にふさわしい素晴らしい音声で。キングも感動しているようであった（この映像は今でも「YouTube」で見ることができる）。

彼女の例から、アフリカ系アメリカ人が日本から渡った仏教に改宗したということ自体が、仏教のアメリカ社会への浸透ぶりを裏付けているといえる。

ビースティ・ボーイズの「菩薩の誓願」

九〇年代を代表するラップ・グループ「ビースティ・ボーイズ」の中心メンバーであったアダム・ヤウク（一九六四〜二〇一二）は、彼がチベット仏教に改宗したかどうかは不明であるが、少なくとも仏教共感者であったことは確かだ。チベット解放運動を経済的に支援することで、亡命中のダライ・ラマの力となり、また中国政府にチベット内の人権を守るように訴えかけている。その資金作りのため、一九九六年にサンフランシスコで行われた「チベット解放コンサート」以降、数々のチャリティー・コンサートを全国的、世界的規模で行ってきた。

毎日、朝と夜に観想（visualization）という一種のメディテーションを実践し、それが作品にも反映されていたそうである。ビースティ・ボーイズは白人ヒップ・ホップの草分けといわれ、多くのミュージシャンに影響を与えてきたが、ヤウクの仏教的な世界が最も表れた曲が一九九四年に彼が作曲作詞した「Bodhisattva Vow」（菩薩の誓願）というラップ・ソングである。この曲は、戦いや暴力に満ちた世界に生きる若者を念頭に置いて作られていて、非常に興味深い仏教の解釈もなされている。その詞の一部を紹介しよう。

誰かに侮辱され妨害されても、
思い止まり、よく考えてから対応することにします。
そんな彼らも実際は不安であるはずなので、
この状況を自分が辛抱する機会として受け止めます。……（第二節）
菩薩道とは、パワーに満ちていて、力強いものであり、
持続する内面の力となるのです。
他人は私と同じように大切であると見ることによって、
豊かな精神という幸せを求めます。……（第三節）
「Bodhisattva Vow」(2)（訳は筆者による）

第三節で菩薩道が「パワーに満ちている」とあるのは、仏教の伝統的な表現からは

程遠いが、力（パワー）が重要な若者の世界では心に通じるところがあるのであろう。しかし、「他人は私と同じように大切である」と次に歌っていることで、正しい菩薩精神が理解されていることがわかる。また、誰かに侮辱されたら、その相手のことを思い、即座に反撃するのではなく、考えてから対応し、その状況を辛抱し、自分が成長する機会に転換するという第二節は、仏教の真髄をよく捉えていると思われる。暴力が旺盛な若者文化の中でも、このように平和な仏教の教えが建設的な倫理観を促しているのは、仏教が新しい土地に合った形で蘇っていることの好例である。

その他の仏教徒／仏教共感セレブたち

他に仏教と深い関わりを持つ各界の有名人としては、芸術家のミルトン・グレーサー、ジャズ・ピアニストであり作曲家のハービー・ハンコックなどが挙げられる。また、世界的に有名なゴルファーのタイガー・ウッズは、タイ国出身の仏教徒の母親を持ち、彼自身が仏教徒であることを認めている。そして詩人のゲイリー・スナイダーはビートニク世代を代表する詩人だが、アメリカ仏教におけるキーパーソンである。彼については後に詳述する。

その他の注目すべき仏教徒として、フィル・ジャクソン（一九四五〜）を挙げておこう。ＮＢＡバスケットボール監督として長年マイケル・ジョーダンのいるシカゴ・ブルズを率い、その後ロサンゼルス・レイカーズの監督にもなり、優勝一〇回という前代未聞の成果をあげている。彼は自身を「仏教徒である」とは断言しないが、「ブディスト・クリスチャン」（仏教に共感するキリスト教徒）と自称している。後に説明するナイトスタンド・ブディストである。

彼は監督として、仏教、特に禅を拠り所とした。彼は選手たちをリラックスさせ、集中力を高めるのにメディテーションを導入している。そしてマインドフルネス（念じ、深く注意すること）というメディテーションの効果をこう説明している。

〝マインドフルになるためには、鈴木（俊隆）老師が言われる「初心」、いわゆる自己中心的な考えから解放される「空」の心の状態を養成しなければならない。老師は『禅マインドビギナーズ・マインド』という本に、「心が空であれば、いつでも何にでも対応でき、あらゆることにオープンでいられる。「初心」にはたくさんの可能

性があるが、「専門心」にはほとんどない」と述べておられる。〟(3)

現代アメリカ社会では、一般に「負けること」は、ある意味で「失敗」と見るため、試合に負けることや、その苦についての深い哲学はあまりない。しかし彼は、負けることは失敗でも恥ずかしいことでもなく、勝つことと同様に試合の一面である、と指導した。それは死を受け入れ、生きることを発見する、という仏教の考えによると述べている。

仏教精神の理念に基づき、「苦」こそが成長の要因であることを提唱し、実践に生かすことで、マイケル・ジョーダンやコービー・ブライアントのような天才選手たちを巧みに指導し、チームをまとめて偉業を成し遂げたのである。

仏教人口を広げる「仏教徒」ではない人々

仏教人口の分類

仏教の伸びぐあいを裏付ける最も有力な根拠は、先にも挙げた仏教人口の増加であろう。ここでいう「仏教人口」とは、何らかの形で仏教に関わっている人々の数を指す。ただし、この人々の仏教への関わり方はさまざまである。仏教徒を含みながら、仏教徒よりも広い層を指すのが「仏教人口」である。

仏教人口には、三種類のグループが含まれる。

一、仏教徒（Buddhists）
二、仏教共感者（sympathizers）
三、仏教に影響されている者（those influenced by Buddhism）
である。

一、仏教徒

本書では、「仏教徒」の定義として自己認識と参加という基準を採用することにする。すなわち、自分が「仏教徒である」という意識を持ちながら、仏教的な行為を行う人を、「仏教徒」と定義する。「仏教的な行為」は、寺院やセンターという仏教組織の施設で行われる場合もあるが、プライベートな環境の中で行われる場合もある。「仏教徒」は、必ずしも仏教組織の会員である必要はない。

二〇〇二年の時点で、多くの専門家が「二一世紀初頭におけるアメリカの仏教徒数は二〇〇万～四〇〇万人」と推定していたが、二〇二〇年の最近の調査によれば、三三〇万人となった。

また全米の諸宗教の中では、二〇二〇年の段階では仏教は、第二位のユダヤ教を追ってイスラム教と第三位を争っている状況にある。ユダヤ教徒は二パーセント弱で、イスラム教徒も仏教徒と同じく約一パーセントとなっている。ということは、仏教徒は現段階ではイスラム教徒と並んで第三位である。

また東洋の諸宗教の中では、仏教徒は、ヒンドゥー教、バハーイー教、シーク教、神道等と比べて最も数が多い。改宗者の数だけを比べても、仏教は、ユダヤ教および他の東洋宗教を上回っている。アメリカでの仏教の魅力が窺われる。

そしてアメリカの仏教徒は以下の四種に分類されると私は考えている。それは、①旧アジア系仏教徒と、②新アジア系仏教徒。この二つはアジア系アメリカ人による。そして、広く人種を限らず改宗者による③瞑想中心の改宗者、④題目中心の改宗者である。それぞれの成り立ちと、活動の基盤となる寺院やセンターを見ていくことにする。

四種類の仏教人口の内訳

この四種類のそれぞれの仏教人口は、明確になっていない。種類別の信頼できる統計結果が存在しないからである。しかし、強いて現存するいくつかのデータを基にして推定するとすれば、大まかには「旧アジア系仏教徒」約三五万人、「新アジア系仏教徒」約一六五万人、「瞑想中心の改宗者」約一二〇万人、「題目中心の改宗者」一〇万人ぐらいである。

①旧アジア系仏教徒

アメリカに伝来してから一〇〇年以上にもなる中国や日本からの旧アジア系仏教の信徒を指す。アメリカ国内にできた最初の仏教寺院は、一九世紀の半ばに中国人によってサンフランシスコに建立された。それから三〇年ほど遅れて日本の仏教がハワイへ伝わり、今に至るまで日本の仏教は一〇〇年以上絶えることなく継続している。現在多くの日系の寺では、日本語がわからない三世、四世、五世の時代に入っており、英語のみによる法要や仏教教育が行われている。また近年、日系人以外のアメリカ人の数も増えてきている。

旧アジア系仏教徒のセンター

旧アジア系仏教徒の団体・寺院・センターは、中国と日本からの仏教徒が設立したものを指すが、両者は異なった展開を遂げた。一八五三年、サンフランシスコに最初の寺が建てられた後、その数は次第に増え、一九世紀末までにはアメリカ西部地域で四〇〇ほどにのぼったともいわれている。しかし、そのほとんどは、小屋や個人の家に設置されたもので、「寺」と呼べるものではなかった。これらのほとんどは継承されることなく、今日まで存続しているものは皆無に近い。その理由は、寺が単独で継続性に欠ける組織によって建立されたことと、そこに正式な僧侶がいない場合がほとんどであったためである。

それとは対照的に、日本仏教は宗派の組織に基盤を置く僧侶たちが、日本の本山からアメリカに送り込まれた。しかし、その僧侶たちの活動は日系コミュニティ内に限られていて、戦前の一般アメリカ人への伝道成果は微々たるものでしかなかった。それも、太平洋戦争以前の東洋人に対する差別社会の現状を考えるとやむを得なかったことであろう。また、日本政府も両国の宗教に基づく摩擦を恐れ、仏教をアメリカで広めることを避けるような方針を採ったことも関係しているといえる。

日本仏教の諸宗派の中では、浄土真宗の門徒が最も多く、少なくとも日系仏教徒の約半数を占めている。最近の寺院（アメリカでは一般に日本語で「仏教会」と呼ばれる）は、英語しか話せない三世が指導者となる時代になっており、以前のような日本の文化的、社交的な寺の役目が薄らいできている。日系人の門徒の数も減り続け、その代わり日系人以外のアメリカ人僧侶や門徒が増えている。この傾向は、他宗派でも同様である。

②新アジア系仏教徒

第二の種類である新アジア系仏教徒は、一九六五年の移民法改正をきっかけに、主として、台湾、韓国、東南アジアといったアジアの国々から渡来した新しい仏教徒を指す。アメリカへ渡ってそれほど年月を経ていないため、旧アジア系仏教徒の種類の寺ほどアメリカに同化しておらず、参加者は、同じ民族で固まっている。祖国の文化が重視され、母国語が使用されている場合がほとんどである。つまり、移民コミュニティの重要な役割を果たしている。

新アジア系仏教徒のセンター

例えば、カリフォルニア州フリーモント市のタイ寺院では、ある日曜日には次のような光景が見られた。三〇〇人ほどの信者が集まり、数人の黄色い衣を着けた出家僧侶が営む仏教儀式に参加した後は、広い敷地内の木陰にピクニックテーブルなどを広げ、持ち寄った料理（主にタイ料理）を楽しみながら、語りあっている。その際、聞こえてくるのは、ほとんどがタイ語である。しかし、子供たちは英語しか話さず、時間がきたら寺が主催するタイ語勉強会のために教室に入っていった。当日の参加者のほとんどはタイ人であり、例外は、結婚相手と思われる十数人の白人や他の人種の人たちである。

ある僧侶の説明では、毎水曜日の夜に行われるメディテーション・セッションには、一五名ほどが参加するが、その大半が白人であり、いまだに寺の会員にはなっていないそうである。寺は、このメディテーション・セッションを伝道の一環、または一般社会への貢献として位置付けている。

他のタイ寺院では、食べ物を通して、地域のコミュニティとつながりを強化している。例えば、五〇キロ北にあるバークレー市のタイ寺院では、寺院の境内にいくつかのタイ料理の出店を設け、日曜日には安くて美味しい料理を求めて、その地域から一〇〇〇人ほどの人々が毎週集まってくるそうである。

③瞑想中心の改宗者とその系統

第三種の仏教徒である瞑想中心の改宗者は、禅、チベット、および東南アジア仏教という三つの系統のいずれかに所属する人々である。その中で、アメリカでは最も古く、人数の面からも影響力が強いのは禅である。

禅・ZEN系統

禅仏教は、中国の「チャン」、韓国の「ソン」、ベトナムの「ティエン」としてもアメリカへ渡っているが、日本の「禅」が早期に大きな影響を与えたため、一般に日本語発音の「ゼン（Zen）」で知られている。有名なベトナム僧ティク・ナット・

ハン（一九二六〜）も、「Zen Master」（禅老師）と呼ばれる。

アメリカ禅の特徴は、曹洞宗や臨済宗のいずれの宗派にも所属しない三宝教団の初祖である安谷白雲老師（一八八五〜一九七三）の影響が強いことである。ダイヤモンド・サンガのロバート・エイトキン師、ローチェスター禅センターのフィリップ・キャプロー師およびロサンゼルス禅センターの前角博雄師などが、安谷老師に師事した。

日本の禅以外の有力なグループは、ティク・ナット・ハン師のコミュニティ・オブ・マインドフル・リヴィングとスーン・サーン師のクワン・ウン・スクール・オブ・ゼンである。ナット・ハン師はベトナムから亡命し、フランスに拠点を構えているが、アメリカの支部を頻繁に訪れている。韓国出身のスーン・サーン師は、日本の禅の影響も受けながらアメリカで独特の形の禅を広めてきた。センター数は、前者は二〇〇、後者は一〇〇を超えるいずれも国際的な組織である。

チベット系統

チベット仏教ゲルク派に所属するダライ・ラマの影響はアメリカでも絶大である。しかし、組織としては、カギュ・ニンマ派のチョギャム・トゥルンパ（一九三九～一九八七）師が創立したシャンバラ・インターナショナルが最も大きく、精力的に種々の活動を展開している。アメリカを中心とした一五〇以上のセンターを持つ他に、二つの全国雑誌を出版し後述のナローパ大学という仏教系大学の母体となっている。

この団体の場合も、禅同様に既成宗派の枠を超えることによって成果をあげたと思われる。トゥルンパ師は、カギュ派とニンマ派の二つの伝統を背景にし、オックスフォード大学で学び、心理学などの西洋の学問を伝道の場で採用した。また、アメリカに渡ってからも日本の禅の要素や様式を多く取り入れた。例えば、チベット仏教とは対照的に、本堂の様式を華麗なものから簡素なものにし、坐禅は単独ではなく集団で行うようにしたのである。

東南アジア仏教系統

日本で上座部仏教、テーラワーダ仏教といわれる系統だが、アメリカでは七〇年代以降に若い世代のアメリカ人指導者たちによって、インサイト・メディテーション派として伸びてきた。

主なセンターにインサイト・メディテーション・ソサエティとスピリット・ロック・メディテーション・センターがあり、第二章でも詳しく説明するように、基本的には同じ創立者たちから出発している。両組織を合わせたものは、東南アジア系仏教の中では圧倒的な存在である。

インサイト・メディテーションの創立者は、ジャック・コーンフィールド、ジョーセフ・ゴールドスタイン、シャーロン・サルスバーグ、ジャクリン・シュワーズの四人であり、全員がタイ国で修行をした第二次世界大戦後育ちのアメリカ人である。スピリット・ロックは、コーンフィールドが一三年後に西海岸で始めた拠点である。彼らがタイで師事したアーチャン・チャーやブッダダーサといった教師たちがテーラワーダ派の伝統を超えた改革派であったことは興味深い。そのように現代化された仏教が、アメリカの地に浸透するのである。

④題目中心の改宗者と創価学会

この種に含まれるのは、ただ一つの団体、創価学会インターナショナル（Sokagakkai International-USA〔SGI・USA〕）である。

約一〇万人という多数の会員を持ち、一つの団体の会員数としてはアメリカ仏教では最も大きい団体の一つである。また、他のグループに比べて、多くのアフリカ系やヒスパニック系の会員を含み、人種的にも最も多様である。

改宗者の特徴

以上、四種類の主なグループを見てきたが、特に改宗者については、会員や参加者を同じ民族や人種に限っておらず、伝統をある程度保持しながらもアジア本国でのしきたりにこだわらなかったグループほど、アメリカ社会で大きく成長していることが明らかである。日本の禅宗系統では、臨済宗と曹洞宗をそれぞれ離脱した三宝教団の安谷白雲老師とサンフランシスコ禅センターの鈴木俊隆老師の業績と影響力がそれを物語っている。また、チベット仏教のトゥルンパ師や東南アジア系統のインサイト・メディテーション派の指導者たちにもこの特徴が顕著に表れている。

アメリカにおける団体・寺院・センターの特徴

仏教人口の増加とともに、団体・寺院・センターの数も急速に増えた。一九九八年の仏教センター目録には、メディテーション・センターだけでも、約一〇〇〇のセンターの名前が載っている。現在は一〇年前と比べ、禅系統で三倍、東南アジアとチベット系統は二倍の伸びである。また、二つ以上の系統を融合した超宗派的なセンターも、全体数は少ないが一四から一三五と、約一〇倍増となっている。

センターの規模を見ると、四一パーセントが、所属メンバー二五人以下で、多くは個人宅のリビングルームで集会を持つ「リビングルーム・サンガ」である。一方、数は少ないが、大規模なセンターも存在する。目録には、メーリング・リストへの登録者数が一〇〇〇～二〇〇〇人のセンターが二三カ所、二〇〇〇～四〇〇〇人のセンターが八カ所、四〇〇〇～一万人のセンターが四カ所ある。最も大きい二つのセンターは、ニュースレターをなんと二万～三万人へ送っている。このような大センターでは名簿登録者がすべて会員というわけではないとしても、一般社会に対して大規模な働きかけをしていることが窺われる。

二、「仏教徒」ではない人々

仏教共感者――ナイトスタンド・ブディスト

仏教人口の第二のグループは、「共感者」（sympathizers）である。彼らには、三つの特徴がある。それは、①仏教的な行為を行うにもかかわらず、②特定の仏教寺院やセンターとは深い関係を持たず、③自分が「仏教徒」であると断定していないことである。

仏教に同調はするが、仏教徒という自己認識を持っていない点が仏教徒と明らかに異なる。アメリカ宗教を専門とするトマス・トゥイード教授は、このような仏教への共感者を「ナイトスタンド・ブディスト」（夜の読書灯の仏教者）とユーモラスに呼んでいる。彼らは仏教書をよく読み、夜にメディテーションの本を読み終わった後、本をナイトスタンドに置き床《とこ》に就き、翌朝には早くから、前の晩読んだとおりにメディテーションを行うことがよくある。そこからつけた呼び名である。

彼らは、日本の一般の「仏教徒」以上に仏教的な行動をとるが、特定仏教との深い関係がない。年に二、三度、自分の勉強やプラクティス（行）のために各センターの行事に参加するが、むろん所属意識はない。そして仏教以外の宗教にも興味を持ち活動もする。総じて一つの宗教だけに所属することを嫌う傾向が強く、宗教の「個人化」現象を代表する存在である。そして、あるいはそれゆえにナイトスタンド・ブディストたちこそ他宗教に対して寛容な仏教に惹かれるのである。この中には、キリスト教徒やユダヤ教徒も含まれる。彼らはメディテーションによってスピリチュアリティを深めている場合がよくある。

仏教共感者（ナイトスタンド・ブディスト）は多様であり、一言で定義づけることが困難であり、学術的統計も存在しない。その数を明記することは難しいが、私は、仏教徒よりやや少ない約一七〇万人だと推定している。

三、仏教に重要な影響を受けた人々

数年前、ある信頼できる研究成果が発表された。アメリカ宗教の専門家として著名なロバート・ウースノー教授が中心となり、仏教の影響力を調べる全国調査を、二〇〇二年九月から二〇〇三年三月の間に行ったのである。

この調査結果は私を含め多くの専門家をも驚かせた。回答者の一二パーセントが、仏教から自分の宗教またはスピリチュアリティの考え方に関して、重要な影響を受けたと答えている。この数値は、アメリカで仏教の伸長が始まる四十数年前と比べて、仏教の影響力が拡大していることを、数字のうえでも裏付けた。当時は、仏教徒が人口の〇・一パーセントにも達せず、ほとんどのアメリカ人が仏教に対して無知であった。それが、この度の調査から明らかになった一二パーセントをアメリカの人口に当てはめれば、なんと約二五〇〇万人が仏教から「重要な影響」を受けたということになる。(4)

また、この調査で「仏教徒と個人的なコンタクトがあるか?」という質問に対して、「非常にある」(三パーセント)または「かなりある」(二パーセント)と答えた。「仏教の基本的な教えはどのくらい知っているか?」に対しては、「かなりよく知っている」(五パーセント)「知っている」(三五パーセント)と答えた。いずれも仏教徒の存在感と仏教の知識が高まっていることを裏付けている。

仏教に対する印象は、大多数がポジティブに見ている。「暴力的」(一二パーセント)「狂信的」(二三パーセント)に対し、「寛容」(五六パーセント)「平和的」(六三パーセント)という言葉を、仏教から連想している。また、「アメリカでより強力な仏教徒の存在を歓迎しますか?」という問いに対しては、「否定的」が三二パーセント、「肯定的」が五九パーセントであった。

この仏教人口の第三種のグループ「仏教に影響されている者」(二五〇〇万人)は、

第一種の「仏教徒」（三三〇万人）や第二種の「仏教共感者―ナイトスタンド・ブディスト」（一七〇万人）の数を遥かに上回っており、アメリカ仏教人口の重要な要素となっている。そしてこの調査結果により、仏教の存在感と影響力がアメリカ全土にかなりの規模で拡大していることがわかるのである。

（1） *Shambhala Sun*, November, 2002.
（2） CD: Beastie Boys, *ILL COMMUNICATION*, Capital Records, Inc., 1994. 所収
（3）「聖なる輪――硬材床の戦士のスピリチュアルの教訓」（Phil Jackson,"Sacred Hoops: Spiritual Lessons of a Hardwood Warrior Hyperion", 1995.）
（4） Wuthnow and Cadge, "Buddhists and Buddhism in the United States: The Scope of Influence,"*Journal of the Scientific Study of Religion* Vol. 43, No. 3 (September 2004), pp. 363-380.

第二章

アメリカが仏教に出会う

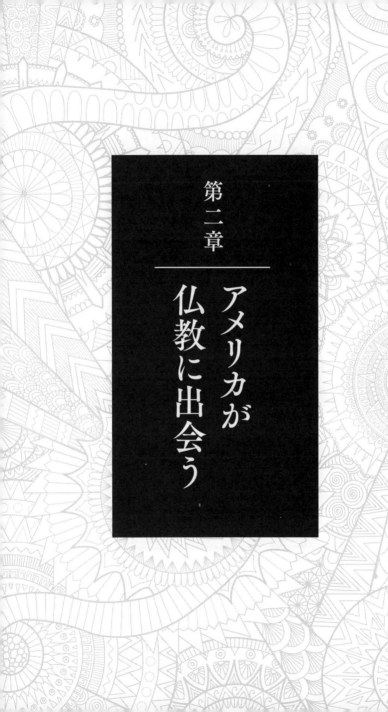

なぜ今、アメリカ人は仏教に魅了されるのか?

信じる宗教から目覚める宗教へ

アメリカは宗教への関心が非常に高い国であり、日本とは比較にならないほど社会や教育に宗教が浸透している。そうしたアメリカ人が、六〇年代後半頃から一気に仏教に関心を持った原因はどこにあるのか?

キリスト教から仏教へ改宗した人たちに尋ねると、キリストの復活を「信じる」ことより、煩悩による誤った見方を是正して自らが「目覚める」ことを究極の目的にする仏教の教えのほうが魅力的だと答える人が実に多い。キリスト教やユダヤ教には、立派な教義があるが、その教えを体験する方法が明確ではないのに対し、仏教は誰もが日々実践できる瞑想などを通して実際に教えを体験できることに惹かれると話す。仏教に惹かれたセレブリティたちの理由も、同様ではないだろうか。

仏教がどのようにアメリカに渡り、どのように受け入れられていったかを辿るとき、アメリカ人が仏教に何を見出したのかが、より明確になってくる。

アメリカ仏教一五〇〇年史

古代ヨーロッパには伝わらなかった仏教

過去の伝播において、仏教は東洋から西洋への「壁」を乗り越えられなかった。仏教が、古代・中世・近世ヨーロッパへ伝えられた痕跡はあるにしても、それは微々たるものであり、現代まで継続しているものは皆無である。

例えば、中世のキリスト教会ではバーラム（Barlaam）とジョーサファット（Josaphat）という二人の聖徒が認められていた。このジョーサファットは、菩薩

(Bodhisattva)の意味であり、釈尊のことである。釈尊伝が伝わったものであるが、その由来に関しては諸説がある。しかし、それが本来仏教の開祖の伝説に基づくものであるということはヨーロッパでは知られていなかった。中世のヨーロッパでは二人の聖徒伝説は盛んであり、文学等にも影響を与えたが、それ以降一般には知られていない。

ヨーロッパのサンスクリット学者が仏教を知った一八世紀後半──

仏教は、南伝、北伝ともに、東へ東へと伝えられ、「東洋」全体の代表的宗教となっていった。そして一八世紀、ヨーロッパはアジアを植民地支配する中で、仏教を知ることになる。特に、イギリス人のウィリアム・ジョーンズ(一七四六〜一七九四)は、インドのサンスクリット(梵語)が英語と同じ語源を持つインド・ヨーロッパ語群の一つという発見を成し遂げ、ヨーロッパの学者によるアジアの研究に火をつけた。

その学者の一人がドイツ人のサンスクリット学者フレデリック・シュレーゲル（一七七二～一八二九）であり、彼の学問は、仏教にも強い関心を持ったドイツのロマン主義に大きく貢献した。このドイツ・ロマン主義は、アメリカ超絶主義（トランセンデンタリズム）へ影響していったのである。

そして、仏教がアメリカに渡るのは、一九世紀半ば、ヨーロッパの後を追う学者たちの学会が最初であった。

一九世紀～第二次大戦以前：白人知識人を魅了したアジアの一宗教──

仏教のアメリカ上陸──一八四四年

一八四四年五月二八日。この日、アメリカの地で初めて、仏教が正式な場で講義された。ボストンで行われたアメリカ東洋学会年次例会の席上でのエドワード・サリスバリー教授による発表である。エール大学でアラビア語とサンスクリット語を担当していたサリスバリー教授は、「仏教の歴史の報告」という題で、釈尊の生涯から仏教の近隣諸国への伝播について説明している。当時ヨーロッパでは、釈尊の歴史的実在性が議論されていたが、サリスバリー教授は肯定的な意見を述べている。そしてまとめとして、仏教がアジア全体に広まり四億人という信者の数を獲得したことの理由として、仏教が王権を支持し、哲学的であり、人類に貴重な価値を与えたことを挙げた。

アメリカ文学と仏教

この発表の当時のアメリカには、まだアジアからの仏教徒の到来はなかった。在米の学者は、仏教に関するこのような高度なレベルの知識をヨーロッパの学者たちから得ていた。イギリス、フランス、ドイツの学者たちは、アジアの植民地支配に伴って、一八世紀末からアジアの宗教についての知識を蓄えていったのである。先に名前を挙げたウィリアム・ジョーンズ、フレデリック・シュレーゲルもそうした学者の一人である。

超絶主義を代表するラルフ・エマーソン（一八〇三～一八八二）、ウォルト・ホイットマン（一八一九～一八九二）やヘンリー・ソロー（一八一七～一八六二）というアメリカ文学の巨匠たちは、仏教に改宗はしなかったが、東洋の宗教全体にも通じていて仏教の影響も受け、しばしば仏教に言及している。

例えば、エマーソンは、「仏教徒は、実は超絶主義者である。それは、良い行いは必ず良い結果を招くという固い信念を持っているからである」と、仏教の因果応報の業を示唆する点を評価した。また、ソローは、「森の生活」で描かれて有名なウォールデン池での生活が示すように、自然を愛し、一神論を認めない瞑想的な生き方を好んだ。彼は一八六二年に亡くなったが、ある友人は「彼の表情には野心や不満は一切なく、感情に悩まされるところもなかった。彼は瞑想の頂点に達する仏教僧のように振る舞っていた」と、ソローのことを回想している。

このように一八四〇、五〇年代には、仏教を含む東洋宗教に関心が高まり始めていた。この環境の中で、エリザベス・ピーボディ（一八〇四～一八九四）という女性超絶主義者によって「法華経」の一部がフランス語訳より英語に訳された。サリスバリー教授の学会発表と同じ一八四四年である。この年はアメリカ仏教にとって画期的な年となった。

神智学と日本仏教——一八八〇年

一八八〇年五月二五日、ヘンリー・スティール・オルコット(一八三二〜一九〇七)は、神智学協会の同士ヘレナ・ペトローヴナ・ブラヴァツキー(一八三一〜一八九一)とともにスリランカで、アメリカ人として初めて正式に仏教徒となった。

オルコットは、若いときから降霊術に興味を持ち、禁酒、反奴隷制度、女性権利、火葬、農業・教育・官僚改革というさまざまな社会的運動にも参加していた。南北戦争では陸軍大佐となり、その後新聞記者を経てロシア出身のオカルト術者であるブラヴァツキーに出会い、「古代の奥義の知恵」に惹かれ、一八七五年にニューヨークで一緒に神智学協会を立ち上げた。

神智学(Theosophy)とは、一九世紀後半に盛んになった西洋と東洋の要素を融合した近代スピリチュアリティである。主な要素は、オカルト、科学的思考、ユダヤ教・

キリスト教、およびヒンドゥー教・仏教。つまり、当時ほとんどなかった東西の宗教の交流の場として重要な役割を果たし、オルコットのように、神智学協会員から本格的な仏教徒になる者も少なくなかった。鈴木大拙の妻、ビアトリス・レーンもその一人である。

オルコットはブラヴァツキーとともに一八七八年、神智学協会の本部をインドのムンバイに移し、活動の場とした。アウトカーストの教育に力を入れ、学校や図書館なども設立した。その後、スリランカへ渡り、日曜学校や釈尊の誕生日を祝う降誕会などを行うなど、下火となっていた仏教の復興に大きく貢献する。また、仏教新聞を発行し、『仏教教理問答集』という本も著す。この本は、『仏教問答』として明治一九年に日本語訳も出版された。その他、オルコットは、仏教旗の作製にも関わった。釈尊の悟りの際、身体から発した後光とされる青・黄・赤・白・茶の五つの色を基とした仏教旗は、現在、宗派を超えて日本および世界中の仏教徒に愛用されている。

その後、オルコットらは、アジアにおけるキリスト教伝道の勢いに対抗する狙いもあり、テーラワーダ（上座部）と大乗という仏教間の宗派協力を目指し、仏教統一運動を起こす。一八八九年にはスリランカの若い伝道者アナーガーリカ・ダルマパーラ（一八六四〜一九三三）とともに来日し、約一〇〇日の滞在中、全国三三都市を回り、七六回の講演を行った。一回の講演には平均二五〇〇人が集まり、合計二〇万人に近い聴衆の前で話したと伝えられている。二人の来日は、日本仏教界への刺激になり、全国に仏教青年会が展開されるようになったきっかけともいわれている。ダルマパーラは、その後も何回も日本を訪れ、現在でも国際的組織を持つマハー・ボーディ協会の創立者となり、アメリカ仏教の発展にも大いに貢献するのである。

アメリカ伝道の出発点「万国宗教大会」——一八九三年

一八九三年九月二日。この日、アメリカ中部の大都市シカゴで万国宗教大会が開始された。会場となったレークフロント・アートパレスには、世界各国から一〇の宗教の代表者二百数十名が集まり、会場には聴衆五七〇〇〜五八〇〇名が溢れた。日本仏教の代表者としては、釈宗演《しゃくそうえん》（臨済宗円覚寺派管長）、土宜法竜《どきほうりゅう》（真言宗御室派）、芦津実全《あしづじつぜん》（天台宗）、および八淵蟠竜《やつぶちばんりゅう》（浄土真宗本願寺派）が参加した。

この万国宗教大会には、人類の歴史で最も多くの宗教が代表される会議として、大きな期待が寄せられた。一八日間の会期中、対等の立場で西洋と東洋の宗教が出会ったという点でも前代未聞で、期待を超える成果をあげたと評価されている。当時の多くのアメリカやヨーロッパの宗教者にとって、東洋の宗教は文書のみで知る「過去のもの」としか理解されていなかった。しかし大会では、仏教、ヒンドゥー教とイスラム教の代表者は、東洋の宗教の存在感をフルに訴えることができた。釈宗演や土宜法竜、そして前出のダルマパーラや、英語を自由に操った平井金三（龍華）などの堂々とした雄弁な演説を行う代表者たちに恵まれたことも大きかった。

「万国宗教大会」が時代を画した

アメリカ宗教の専門家であるリチャード・シーガー教授は、この会議がアメリカ仏教の発展にとって画期的な出来事であるとして、理由を四つ挙げている。一つは、西洋の参加者たちが、スリランカ、タイ、日本の禅宗、天台宗、真言宗、浄土真宗、日蓮宗の代表者に出会うことによって、仏教にたくさんの宗派があることを知ることができたこと。

二つ目は、仏教の近代化の象徴となったことである。当時、一般には神秘的でエキゾチックなものと思われていた仏教が、現代化した生きた宗教として伝わった。創造神を認めず、基本的には心理学的な性質を持ち、キリスト教よりも科学により対応できる点が強調されたこと。この見解は、今日も健在である。

三つ目は、近代の宗教対話の始まりとなったことである。今日存在する宗教対話を促進する団体のいくつかは、その起源を万国宗教大会に遡る。カトリック—プロテスタントや、ユダヤ教—キリスト教間の相互理解や協力を促し、仏教諸宗派間の関係のよいモデルともなり、アメリカの仏教連合会の活動へも結びついている。

そして四つ目の理由は最も重要である。それは、この会議がアメリカへの仏教伝道を本格的にスタートさせるきっかけになったからである。例えば観衆の一人であったC・T・ストラウスという人は、ダルマパーラの演説に感動し、会期中に五戒を受け、アメリカ本土では初めての仏教改宗者となった。ダルマパーラはその後アメリカを何度も訪れ、全国の主要地を回り、仏教に関心のある多くの知識人と出会った。日本の釈宗演（一八五九〜一九一九）も再度訪米するが、彼の実際の影響は自分の同僚と弟子たちをアメリカに送ったところにある。その中には、仙崎如元や鈴木大拙という伝道者がいた。また、釈宗演は、その後アメリカで仏教の普及に大きく貢献したポール・ケーラス（一八五二〜一九一九）という人物に出会っている。

キーパーソン

万国宗教大会における仏教のキーパーソンとしては、釈宗演、ポール・ケーラスを挙げることができる。アジアの仏教宣教師・釈宗演は、慶應義塾で西洋哲学を専攻し、僧侶としてスリランカや東南アジアに遊学し、当時の日本仏教の現代化運動の中心的人物であった。万国宗教大会へ臨む前年に抱いた気持ちが次のように伝えられている。

〝自分の文明に誇りを持つ西洋人は、〔最近小乗仏教によって〕目覚め始めつつある。西洋人は、宗教の領域においてのみ自分たちが東洋の国々に後れをとっていることを意識している。……だから、大乗〔仏教〕を西洋思想に結合させよう！　天がこれを成し遂げる機会を与えてくれた。来年、〔万国宗教大会で〕この時期がくるのである。(5)〟

『蜘蛛の糸』の題材――ポール・ケーラス

ポール・ケーラスは、ドイツで生まれ、父と同じ牧師を目指して勉強に打ち込み、一八七三年にチュービンゲン大学で博士号を取得した。軍隊学校の教師となったが、次第に学校側と宗教の見解で対立し、辞任。その後イギリスを経て、一九八四年にアメリカに渡る。ニューヨークで雑誌の編集者として「宗教と科学の統一」を標榜していたケーラスは、ヘーグラーというドイツ系アメリカ人の資産家に気に入られ、彼の娘と結婚する。その恵まれた資産で出版社オープン・コートを設立し、雑誌『オープン・コート』や『モニスト』を発行し、自ら編集者として出版活動に携わり、大きな影響力を持つに至った。

一九世紀の終わり頃には、ダーウィンの進化論が代表する科学の考え方が隆盛して、創造論を基本とするキリスト教と対立した。矛盾を感じて、当時、キリスト教以外の宗教や思想を求める人々が増えたが、ケーラスもその一人であった。

ケーラスは万国宗教大会に出席し、仏教に魅了された。「科学の宗教」を求めていた彼は、大会後、「仏教こそ時代に合った、科学に矛盾しない宗教である」として仏教の熱烈な支持者となっていったのである。彼の一八九四年刊行の『仏陀の福音』という本は、いまだに販売され、この一〇〇年余りの間に、なんと三〇〇万部も売れている。また万国宗教大会後は、自身の出版社を通して、数多くの仏教を支持する書物や論文を世に出したのである。

万国宗教大会でケーラスは、釈宗演と思想的に意気投合し、お互いに強い尊敬の念を抱きながら仏教の理解を深めた。ケーラスが理解した仏教は伝統仏教からかけ離れ、「科学の宗教」を求めていた彼の行き過ぎた迎合的な解釈にも見える。しかし、万国宗教大会における釈宗演やダルマパーラの説き方は、西洋人に合った現代化された新しい解釈を含んでいた。ケーラスの求めているものと、釈宗演やダルマパーラの戦略が、見事にはまったのである。

その後釈宗演は、自分の弟子であった鈴木大拙をケーラスのところに預ける。それが、その後の鈴木大拙の偉業のきっかけとなった。

ところで、日本でもよく知られている芥川龍之介の「蜘蛛の糸」と、ケーラスが一八九五年に著した『カルマ』は深い関係がある。『カルマ』は、鈴木大拙によって一八九六年に和訳され、それを題材として芥川が小説「蜘蛛の糸」を一九一八年に創作したのである。この事実は近年判明したものであり、日本ではほとんど知られていない。アメリカ仏教の日本仏教への影響も、この例のように、ささやかではあるが、存在したのである。

鈴木大拙と神秘主義――エクスペリエンスの強調

万国宗教大会後に、釈宗演がアメリカに送り込んだ仏教伝道者の一人が、若き日の鈴木大拙だった。一八九七年に二〇代で渡米し、生涯にわたってアメリカ滞在を繰り返した彼は、アメリカ人の感覚を熟知しており、最近の研究によれば、彼が当時アメリカで関心を集めていたスウェーデンボルグや神智学などの流れをつかんでいたとされている。それら神秘主義は、一人ひとりの心の体験を重視する点が潜在的に仏教と類似する。彼はアメリカに禅仏教を紹介するときに、この点を意識して「悟り（satori）」を強調したのである。悟りは、ある意味で神秘主義的、そしてエクスペリエンス（experience＝体験）である。「エクスペリエンス」は、キリスト教ではあまり使われず、かつ神秘主義の流れに既にあったものなので、禅が受け入れられやすかったのである。

また、アメリカ仏教において非常に大きなキーワードとなっているのが、「インターディペンデンス（interdependence＝相互依存性）である。一般に「縁起」の訳語として使われるが、広義では「つながっていて、お互いが影響している」という、やはり西洋ロマン主義の神秘的な流れの中にある概念である。

当時、西洋植民地主義に脅威を感じていた日本は、キリスト教の伝道に対抗して、仏教も現代的な解釈で伝道する必要があると感じていた。万国宗教大会で、釈宗演やダルマパーラが、「仏教とは科学的な宗教である」と強調する目新しいプレゼンテーションをしたのには、そうした背景があった。仏教をまったくの異文化としてではなく、受け入れられやすい概念のもとで伝道しようとしたことがわかる。

大拙は、戦後は一九四九年にアメリカに戻り、ハワイとカリフォルニアを経てニューヨークのコロンビア大学で一九五七年まで教鞭をとり、たくさんの知識人に影響を与えた。心理学者のカレン・ホーナイ（一八八五～一九五三）とエーリッヒ・フロム（一九〇〇～一九八〇）や音楽家のジョン・ケージ（一九一二～一九九三）など、仏教以外の分野を通してその後アメリカ社会に仏教を紹介した人たちである。

戦時中に進んだ仏教教団のアメリカ化——一九四二年

第二次世界大戦が始まって数か月後、アメリカ政府は、西海岸の州に在住の一一万人の日系アメリカ人とその移民の親たちを一〇か所の収容所へ強制収容した。彼らは、なんの法的手続きも経ず、日系人であるという理由だけで住み慣れた家を離れ、遠い砂漠の収容所で戦争中の大半を暮らすことを余儀なくされた。苦労の末獲得した全財産を、収容されるまでの数週間で処分しなければならず、ほとんどの人は大変な損害を被った。

一般日系人の強制収容は、五月頃から始まったが、それに先だって日系コミュニティの指導者たちはいち早く検挙された。その中には仏教の僧侶も含まれていた。松《まつ》浦逸清《うらいっせい》師もその一人で、中部カリフォルニア沿岸部の小さな農業地帯・グアダルペ仏教会の浄土真宗本願寺派の僧侶であった。松浦夫人がこの悲しい出来事を回顧している。

〝一九四二年二月一八日早朝、私たちはまだ夜着のままヒーターの周りに集まりラジオのニュース一九四二年二月一八日　僧侶の逮捕――移民社会と仏教の役割を暗い思いで聞いていました。そこへドアを大きくノックする音が聞こえました。三人の男が立っていました。FBIでした。

「松浦開教使を逮捕に来た」と、ドアから入るなり一人が言いました。こんなことになるのではとの予感が私にはありましたが、実際にそうなってみると押しつぶされそうな気がしました。私は夫の着替えを荷造りするように言われ、急いで下着と洗面用具をバッグに入れました。衣、袈裟、聖典は別の包みに入れました。

「必要最低限だけだ」と彼らは言いましたが、僧侶なのでこの他にも宗教的なものは許してもらえました。夫は本堂への長い渡り廊下を歩き、蠟燭と線香をともし、「讃仏偈」を静かに唱えました。これが最後の別れになるかもしれないと思い、末娘のキヨと私は合掌礼拝しました。ＦＢＩ官たちは読経の間、直立して立っていました。〟逮捕されて二か月後、松浦夫人と西海岸に住むすべての日系人が一〇カ所の収容所に散らばっていった。

収容所は針金フェンスと武器を持った監視に囲まれ、閉じ込められた日系人にとって宗教がそれまで以上に日常生活の苦労と不安を解消してくれる重要な役割を果たした。僧侶たちは、人々のつのる悩みに対応し、宗教者として指導的立場を発揮した。日曜礼拝と日曜学校はいっそう盛んになり、多くの人の精神的な力になったのである。

このような精神的に過酷な状況にあっても、アメリカ国籍の二世たちは、収容所から軍隊へ志願し自国・アメリカのために戦った。ある兵士は海外に出かける前、親への愛情と「仏さん」への信仰を、英語と方言が交じった日本語の手紙で伝えている。

〟ママ　パパ　ミー（私）よ　ホラ　ミーよ

今夜いよいよ　オーバーシー（海外）へ行くよ。長いこと可愛がってもらって　ミーサンキューいうよ。ママもパパも心配せんでもいいよ。すぐ帰ってくるでな。帰ってきたら、すぐパパやママの所へ飛んで行くよ。ママもパパも元気でいなさいよ。行ってくるでな。もういうこともないで、これでグッバイするよ。ママもパパも元気でな。グッバイ……。

ママ　パパ　まだあるよ。忘れてたよ。ほらあの話な。ミーが小さいときからいつもママがミーに話してくれたあの話よ。仏さんの話よ。あの話ちゃんと覚えとるから安心してよ。オーバーシーへ行っても仏さんはミーについてくるんだったなあ。ミーさみしくないよ。仏さんがミーを守っていてくれるんだものなあ。

あの話、覚えとるからママもパパも心配せんでもいいよ。では行ってくるよ。ママもパパも大事にしなさいよ。グッバイ。[6]〟

なんと心を揺さぶる手紙であろう。この手紙は、英語が母国語である青年にも仏教が心の支えとなっており、仏教がアメリカの土地に根を下ろしたことを語っている。

戦争中の試練は日本から渡った仏教教団自身を「アメリカ化」させた。それは、特に浄土真宗本願寺派に顕著に表れた。収容されている間に二世たちがより大きな影響力を持つようになり、一九四四年の七月のソルトレークシティ（日系人禁止地域の外）で開かれた大会で大胆な改革を行った。

教団の第一言語として日本語に代わって英語を使うことと、Buddhist Mission of North America（「北米仏教ミッション」という意味で、日本語の正式名は「北米仏教団」）から Buddhist Churches of America（「米国の諸仏教会」という意味で、正式名は「米国仏教団」）という新しい名称が採択された。また、もう一つ、戦前まで大きな権威と影響力を持っていた僧侶に対し、在家信徒の力が強化されたのであった。

終戦後、日系人は収容所を出て元の生活を取り戻し、英語中心のアメリカ化した要件のもとで数年間放置した仏教会を復活させた。日系中心の体制は変わらなかったが、他人種の僧侶や門徒も増え、徐々に本格的にアメリカ化した宗教団体へと向かって変化していくのである。

戦後、アメリカ化する仏教

仏教のターニング・ポイント——ビート仏教（一九五八年）——

平和と繁栄を取り戻した戦後のアメリカ社会に、「ビート仏教」という新しい形の仏教が登場した。

ビート仏教の誕生——ケルアック、スナイダー、ギンズバーグ

一九五〇年代にビートニク（Beatnik）と呼ばれる若者たちが現れた。その代表である作家ジャック・ケルアック、詩人ゲイリー・スナイダー、詩人アレン・ギンズバーグらは、鈴木大拙の著作に大きな影響を受け、禅に傾倒した。これは、一般にビート仏教（Beat Buddhist）と呼ばれている。ビートたちは知識より智慧や実践を優先し、消費文明を批判した。そして仏教と社会の意識改革を結びつけた。それが六〇年代

以降の仏教飛躍の土壌を担っていくのだ。そして一九五九年、禅の曹洞宗の鈴木俊隆老師が渡米すると、当時のカウンター・カルチャーを形成していた若者たちを中心に、仏教は大きな影響力を持っていくのである。

そもそもビート仏教は一九五八年に、ジャック・ケルアック（一九二二～六九）の『ザ・ダルマ・バムズ』（The DHARMA BUMS, 1958）という小説が刊行されたことに端を発する。「ダルマ」は仏教の「法」を指す言葉で、ここではさらに西洋に対する「仏教」や「東洋」、また堕落した社会に対する「真実」という意味を含む。「バムズ」とは、自由に、真実に生きる「放浪者たち」というポジティブな意味合いである。

小説にはゲイリー・スナイダー、アレン・ギンズバーグ、ケルアック自身、そして当時のビートニクをモデルとした連中が多数登場する。そして次のような仏教を説く場面がある。

〝彼（ジェフィー・ライダー＝スナイダーをモデルにした主人公）はチベット、中国、大乗、小乗、日本、そしてビルマ（現ミャンマー）の仏教のことまで細かくよく知っていたが、俺（レイ・スミス＝ケルアックがモデル）は神話や各国々の仏教の特徴などには全然興味がない。興味があるのは、釈尊が説いた四諦の第一の「一切皆苦」であり、そしてその次に、以前不可能と思っていた第三の「苦の抑圧は可能である」という教えのみだ。[7]〟

遠いアジアの仏教という捉え方ではない。アメリカでも経験する人間の切実な問題を本来の釈尊の教えをもって解決したいという、「知識より智慧を優先」することを言っているくだりである。

また、社会の現状に対する反発として、ジェフィー（＝スナイダー）はダルマ・バムズのあるべき理想を宣言し、消費社会のあり方に抵抗することを呼びかけている場面もある。

〝ダルマ・バムズたちは、生産品を消費し、消費する「特権」のために働くという無駄なことを断るべきだ。生産品とは、本当は欲しくもない冷蔵庫、テレビ、特に豪華な新車、そして、どうせ一週間後にゴミとなる特定の髪のオイルや防臭剤と一般のがらくたなどである。〟

彼は資本主義に惑わされない別の生き方を提唱するのである。

〝俺にはビジョンがあるのだ。それは、何千、何百万という若いアメリカ人がリュックサックを背負って歩き回り、祈るために山に登り、子供たちを笑わせ、老人たちを喜ばせ、少女たちを楽しくさせ、そして、老婆たちをより楽しくさせるということだ。彼らは皆、禅に夢中な人たち《ゼン・ルナティックス》である。彼らは、理由なく頭に浮かんでくることを詩として書き、他者に親切であり、変わった行動を通してすべての人々とすべての生き物に永遠の自由というビジョンを与えるのだ。

……そうだ、必要なのは浮遊する禅堂《フローティング・ゼンドウ》だ。そこは、年寄りの菩薩が旅の最中に何時《いつ》でも寄ることができ、また、ジェフィーのようにお茶が飲めて、そしてアルヴァ（＝ギンズバーグ）が必要とするメディテーションが学べるという所なのだ。そして、俺がその禅堂の住職になるんだ。〟

この小説は、一九五〇年代に盛んとなったビート世代《ビート・ジェネレーション》を象徴するベストセラーとなった。また、ドラマティックな六〇年代に登場するヒッピーや一般の団塊の世代の一部にも強い影響を与えた。

『ザ・ダルマ・バムズ』でも象徴的に描かれているように「ビートニク」は文学と社会批判だけではなく、「新しい意識」を目指すスピリチュアルな、宗教的な運動でもあった。スピリチュアリティや宗教が、理想社会建設の原動力と見なされたのである。仏教、特に禅は、その実現への大きな期待がかけられた。なかでも鈴木大拙の存在が非常に大きい。ケルアック、スナイダー、ギンズバーグらは、皆、鈴木大拙の著作を通して影響を受けていた。また、ケルアックとギンズバーグは、『ザ・ダルマ・バムズ』が出版された直後、ニューヨークの鈴木大拙宅を訪問し、非常な感銘を受けている。

このビート仏教と、一九世紀末に登場した白人仏教徒たちとの違いは、知識より智慧や実践の強調、幅広い分野と一般社会への影響、および社会体制批判を促したところにあるといえる。

詩人仏教徒ゲイリー・スナイダー

一九五〇年代のビート仏教を代表するのが、小説『ザ・ダルマ・バムズ』の主人公ジェフィ・ライダーのモデルとなったゲイリー・スナイダー（一九三〇〜）だ。作品の中でスナイダーは禅からチベット密教にまで通じ、融通無碍《ゆうずうむげ》の生き方をしてダルマの体現者のように描かれている。実際の彼は、自然や環境問題に関心を持つ詩人として国際的にも知られ、特に自然をテーマに長年数々の作品を出版している。また禅の修行と研究のため、一九五六年から一九六八年の間のほとんどを主に京都で過ごしている。

自然を重んじ、一九七一年からは北カリフォルニアのシエラ山脈の麓に住居を移し、有志たちとのコミュニティを築きあげてきた。日本の民家とネイティブ・アメリカン（先住民）の住居方式やデザインを取り入れるなど、仏教の修行と研究のため一〇年近く日本に住んでいた影響が窺える。

ここでビート仏教の体現者ともいえるスナイダーの思想を紹介しよう。彼は自然と環境に対して仏教的な見解を持つ。三つの特徴に絞ることができるが、それは一、サンガの拡大、二、ローカル重視、および三、楽観性である。

第一点のサンガとは、仏教で重視される仏・法・僧の「三宝」中の、僧のことである。アジアの仏教諸国では出家僧侶と尼僧を指したが、アメリカでは在家者も含み、お互いを助け合う仏教徒のコミュニティという広い意味を持つ。スナイダーは、それをさらに広げて、すべての人類、生き物および無生物を含み、地球全体がサンガとなると考えるのである。そのように自然をサンガと見ると、「私と他者」や「人間と自然界」という自然界との隔たりがとりはらわれていき、自然界への親近感と畏敬の念を感じるようになるという。

第二点のローカル重視とは、地球全体をサンガと見る考えにやや矛盾するように思えるが、最小部分の重要性である。仏教で一切が関係しあって成り立っている縁起の比喩として言われる「インドラ網」を喩え、広大な網全体も重要であるが、網のごく一部である結び目がなければ、全体も成り立たないので、結び目も全体と同じように大切である。網の全体と結び目は一体であるというのが彼の考えである。

第三点の楽観性は、山脈の麓で新しい住居を協力しあって造り上げることを描いた「Building」（建物）という彼の詩にひしひしと表れている。日本の鴨長明の「方丈記」を念頭において書かれたようであるが、スナイダーの「無常観」には、感傷的な隠遁というイメージは見られず、物事や自然の「再生」という面が強調される。

〝……（前略）……建物はすばやく建てられ、すべてを再生させるプールによって何時も潤い、飾りがなく、輝いている。(8)〟

ここでの「プール」(pool) の正確な意味は不明であるが、自然を「水たまり」と象徴的に表現したのではないかと考えられる。いずれにせよ、自然とは、世俗社会を包容するダイナミックで再生に溢れているものであると、明らかに楽観的でポジティブに捉えている。以上の三点が示すように、スナイダーは仏教的見解を環境問題の解決策の一端として採用しているのである。

一九六〇年代カウンター・カルチャーの若者を捉えた禅――

鈴木俊隆とサンフランシスコ禅センター――一九五九年

一九五〇年代のビート仏教は、一九六〇年代に登場する仏教の実践道場へつながっていったと見ることができよう。その代表的指導者は、鈴木俊隆《しゅんりゅう》であった。鈴木老師は、一九五九年に念願のアメリカへ曹洞宗の伝道者として渡った。赴任したのは、一九三四年に創立され会員のほとんどが日系人であるサンフランシスコの桑港寺《そうこうじ》であった。しかし、鈴木老師の下に、坐禅を求めて白人の若者が次々と訪れるようになっていったのである。ある参加者が坐禅会の様子をこう語る。

〝皆は、仏壇の蠟燭の明かりしかない暗い中で壁に向かって座り、先生は警策を持ちながら歩き回り、よく「ピシャリ」と叩いている。……男性の中には、髭をはやし、トレーナーを着て、サンダルを履いたビートニク風の若者たちがいるが、私が見るところ、彼らは結構まじめそうである。〟(9)

集まってきた若者は寺の周りに宿を借り、一つのコミュニティができあがった。この状況を受けて、一九六二年、桑港寺とは別にサンフランシスコ禅センターという正式な組織を立ち上げた。これはアメリカで初めての禅の実践道場である。

鈴木老師は、自らが好む坐禅指導のかたわら、葬式や法事を含む桑港寺の住職としての任務も続けた。これは、完全に二分化した業務で、桑港寺の日系人のメンバーたちは坐禅などにはほとんど興味を示さず、また逆に、禅センターに集まる若者たちは、冠婚葬祭などには興味がなかった。それは、まさにアジア系人の仏教と改宗者の仏教の、本質的な違いを象徴したものであった。二つを両立することの難しさに悩んだ鈴木老師は、後者のニーズが爆発的に伸びたこともあり、また坐禅指導の伝道者としての使命を感じ、桑港寺の住職を辞して禅センターに専念したのである。

　鈴木俊隆は鈴木大拙と並び、二人の鈴木《トゥー・スズキ》とアメリカで呼び習わされるが、「悟り」を強調する大拙に対して、俊隆は「只座る」ことを強調した。別の言い方をすれば、教理ではなく、「行（プラクティス）」を重んじたのである。彼はセンターに訪れるすべての人に決まって「私は毎朝五時半に坐禅します。私と一緒にすることを歓迎しますよ」と言ったそうだ。また、「初心（ビギナーズ・マインド）」という姿勢を大切にし、悟りとか涅槃《ねはん》という難しいことを避け、東洋の神秘に劣等感を持つアメリカの若者に、誰もが坐禅ができるという勇気を与えたのである。

ルールを守る反逆児たち

当時のアメリカ、特に西海岸では、ビート仏教が示すようにカウンター・カルチャー的な自由主義の風潮が高まっており、禅センターに集まってきた者の中に、一度も麻薬《ドラッグ》を体験していない者は、ほとんどいなかったと考えられる。そんな中で鈴木俊隆老師は彼らにルールに従うことを厳しく要求した。そして日本では三回であった礼拝の回数を九回に増やし、椅子に腰掛けての坐禅はゆるさず、日本と同じスタイルの結跏趺坐《けっかふざ》を求めた。

しかし、若者たちは、あたかも厳しい規定を無意識に求めていたかのようにルールを受け入れた。それは日常の行動にも表れた。禅センターの前のブッシュ通りは、朝の五時半には車はほとんど通らないにもかかわらず、訪れる坐禅参加者はしっかりと青信号を待ち、渡るときは横断歩道を歩いた。それは同じサンフランシスコの二キロほど離れた、ヒッピーのメッカともいうべきヘイト・アシュベリー街に集まる同年代の若者たちとは対照的な行動であった。

六〇年代の若者を魅了した鈴木俊隆

プラクティス重視、ルール重視という二点によって鈴木老師はアメリカ仏教のニーズに応えた。しかし、何がこれほどまでにアメリカの若者たちをサンフランシスコ禅センターに惹きつけたのかと問われれば、答えは鈴木老師自身の個人的な魅力である。エリック・ストーリーという若者が、素朴な衣を着けた、剃髪の中高年の鈴木老師を初めてセンターで目にしたときのことをこう語っている。

〝先生が〔持っていらっしゃる〕本を開くと、東洋の文字でいっぱいである。この仏像、花、不思議な小柄な人、あの奇妙な本、これらすべては、この玄関の外の霧がかかった街頭から広がる市（サンフランシスコ）から、私を時間的に遠い時代、空間的に遠い場所に運んでくれる。……私自身もわからない何かが私の中で込みあげてくる。それは、この小柄で質素な人が好きな、昔の詩（教え）への深い信仰であろう。……「はい、私はここにいます。そして、先生が語るのをまた拝聴いたします」と、私は自分に呟いているのである。(10)〟

このような気持ちは、禅センターに惹かれて来た若者の多くに共通していた。社会的激動期の六〇年代の初め、戦前生まれの日本の仏教僧に、戦後育ちのアメリカの若者が多く惹かれたことは非常に興味深い。私は、このことにこそ仏教の普遍性が著しく表れていると思うのである。

禅センターの展開

禅センターは組織としてもめざましい発展を遂げていった。一九六六年にはサンフランシスコから数百キロ南の山中にあるタサハラ温泉に土地を購入し、修行に専念できる禅道場を設立した。購入資金は創立してから数年しかたっていないグループにとって大きな負担となったが、一般社会からの支持もあった。例えば、グレイトフル・デッドやジェファーソン・エアプレインというフラワームーブメントを代表する超一流ロックバンドが、資金集めのチャリティ・コンサートを行った。また、東海岸の慈善家による高額な寄付もあってタサハラの夢は実現し、現在でも重要な役目を果たしている。鈴木老師と禅センターが当時の若者の精神にいかに大きな影響を与えていたかが、このことからも窺える。まさに当時の典型的な若者の一人であったスティーブ・ジョブズは、その影響下にあったのである。

一九七二年には、海と丘に挟まれた土地も手に入れ、後に仏教を理念とした農作事業や自然環境対策を重んじるグリーン・ガルチ・ファームという寺院を設立した。サンフランシスコ禅センターは、創立からわずか一〇年の間に、北カリフォルニアで最も知名度の高い宗教団体の一つに発展していったのである。

禅とチベット仏教の動き

その後の禅

六〇年代のアメリカにおけるその他の禅の動きを紹介する。彼らに共通するのは鈴木俊隆老師同様、プラクティスを重んじ、実践する場所を確保し、「瞑想中心の改宗者」を養成したことである。単なる知的な興味に終わってしまった一九世紀末の知識階級中心の仏教とは、根本的に異なるのである。

戦後の伝道者で日本を代表する人物に、臨済宗所属の佐々木承周《じょうしゅう》師（一九〇七〜二〇一四）と嶋野榮道《えいどう》師（一九三二〜二〇一八）が挙げられる。一九六二年に五五歳でロサンゼルスに渡った佐々木師は、南カリフォルニアとニューメキシコ州を中心にいくつかのセンターを設立した。その後、多くの弟子たちによってフロリダ州やプエルトリコやカナダなどに拠点が増えていった。

嶋野師は一九六四年に、かつて鈴木大拙のサポート役を務めていたニューヨーク市の禅研究センターをニューヨーク禅堂正法寺として復活させた。その後一九七六年に、コネティカット州のキャッツキルに大菩薩禅堂金剛寺を建てた。マンハッタンの「町の拠点」と、「田舎の禅堂」を通して、ニューヨーク付近における有力な仏教指導者として活躍した。

禅をアメリカナイズして新潮流を起こす「三宝教団」を改革運動として設立した安谷白雲老師は、アメリカによく出かけ、アメリカ人のニーズに合った指導を行った。「見性《けんしょう》」という初段階の悟り体験をその後の修行の基礎として強調し、在家者が理解しやすい修行法と、男女がともに修行できる環境を整え、たくさんの弟子を養成することに成功した。

特に有力な弟子は、ロサンゼルスに拠点を置いた前角博雄《まえずみはくゆう》師、ハワイのロバート・エイトキン師、およびニューヨークのフィリップ・キャプロー師である。三人とも、さらに多くの弟子たちを養成し、現在その弟子たちが全国各地に新拠点を設立し、アメリカの風土に応じた活動を展開している。

特に前角師が指導したロサンゼルス禅センターからは、元・禅センター・オブ・ニューヨークのバーナード・テツゲン・グラスマン、禅マウンテン・モナステリーのジョン・ダイドウ・ローリー、そしてホワイト・プラム・サンガのシャーロット・ジョウコウ（浄光）・ベックとジャン・チョーゼン・ベーイスという、伝統にこだわらない教授・修行法で知られている弟子たちが輩出された。

チベット仏教の伝道者チョギャム・トゥルンパ

日本の禅系統の他に、六〇年代にアメリカに渡った伝道者を代表するのは、チベット仏教・カギュ派の僧侶、チョギャム・トゥルンパであった。彼はインドに亡命した後イギリスのオックスフォード大学に学び、スコットランドで初めてのチベット系寺院を建てた。その直後、還俗して結婚しアメリカへ渡り、東部のバーモント州に拠点を設けたのである。そしてアメリカ中を回り、有能で人気のある仏教指導者として多くの人々を惹きつけた。その後、コロラド州を本部として、シャンバラ・インターナショナルという全国的組織を展開し、都会中心に一五〇以上のメディテーション・センターやいくつかのリトリート・センターも設けた。また、一九七四年にはナローパ研究所・大学も設立している。

トゥルンパ師は、チベット仏教の教えをアメリカ人のニーズと希望に応えるように巧みに調整した。禅寺の天井のデザインなど、他宗派仏教の要素も取り入れ、またアメリカ人の好みに合った鮮やかな美的感覚や親しみのある心理療法も採用した。さらに、メディテーションの要求に対しては、多くの人が実践できる「シャンバラ・トレーニング」という独自の瞑想方法と勉学のカリキュラムを提供した。これらが大いに受け入れられ、成果をあげたのである。一九八六年にトゥルンパ師は亡くなるが、その後長男の指導によって、ナローパ大学はアメリカ仏教の有力な団体として発展を続けている。

一九七〇年代以降の展開――アメリカで果たされた仏教の西洋上陸――

テーラワーダ仏教のアメリカ化――

インサイト・メディテーション（ヴィパッサナー瞑想）の普及

東南アジアのテーラワーダ仏教の瞑想法であるヴィパッサナー瞑想は、アメリカでインサイト・メディテーション、あるいはマインドフルネスとして普及している。その歴史は一九七四年、インサイト・メディテーション・ソサエティ（Insight Meditation Society＝ＩＭＳ）の設立に始まる。この組織はジャック・コーンフィールドとジョーセフ・ゴールドスタインがコロラド州にあるナローパ研究所に招待され、ヴィパッサナー・メディテーション・メソッドを教えたときに遡る。この指導会は大成功に終わり、その後二年間、二人はアメリカ中を駆け回り、ヴィパッサナー瞑想を、主に二〇代、三〇代のアメリカの若者たちに指導した。

そして二年後、二人と、シャーロン・サルスバーグおよびジャクリン・シュワーツという女性の教師が一緒になりマサチューセッツ州バリー市にセンターを設立した。それが「インサイト・メディテーション・ソサエティ（IMS）」である。「インサイト」（insight＝洞察）はパーリ語の「ヴィパッサナー」の英訳である。このセンターも人気を呼び、国内とヨーロッパから大勢の人々が、定期的に行われるさまざまな期間のリトリートへ参加するようになった。

その勢いは徐々に増し、コーンフィールドは西海岸のカリフォルニアに移り、一九八四年にスピリットロックというセンターをサンフランシスコより約二〇キロ北に設立した。現在、このスピリットロックは東海岸のIMSと並んで全米のインサイト・メディテーションの中心地となっている。

この四人の指導者は全員、一九七〇年頃ビルマ（現ミャンマー）とタイを中心とした東南アジアにおいて、修行を経験した。彼らは、マハーシ・サヤドウ、ウ・バキン、ゴエンカ、ブッダダーサおよびアーチャン・チャーという東南アジアのテーラワーダ系統の修行僧に師事したのである。

異端者たちの新世界

ここまで見てきたように現在のアメリカ仏教において、仏教の西洋への本格的な進出がようやく実現しつつあるのである。なぜだろうか。過去の伝播において、仏教は東洋から西洋への「壁」を乗り越えられなかった。アメリカでの仏教の歴史を見ると、伝播の特徴として、本国での「異端者」こそが飛躍的に伸びたということができる。伝統をある程度保持しながらもアジア本国でのしきたりにこだわらなかったグループこそ、アメリカ社会でよく成長している。アメリカという新世界は、本国の異端者たちにとっての新世界であったともいえよう。

サンフランシスコ禅センターの鈴木老師、臨済宗と曹洞宗を離脱した三宝教団の安谷老師、チベット仏教のトゥルンパ師——いずれも旧来の伝統を受け継ぎつつも革新者であり続けたといえよう。

また、テーラワーダ仏教は、アメリカではヴィパッサナー・ムーブメントとして発展している。この東南アジア系統の瞑想法をインサイト・メディテーションとして紹介した指導者たちの特徴としても、非伝統的な師たちに教えを受けたということがいえる。彼らの教師はいずれも南伝テーラワーダ仏教の「二十世紀の現代化運動」を代表する進歩派に所属している。その中でも、マハーシ・サヤドウ（一九〇四〜一九八二）はミャンマー仏教の現代化に大きく貢献した僧侶として有名である。

この現代化運動の特徴は、鎌倉仏教の「専修《せんじゅ》」を連想させる、一つの修行に特化する単一修行形式をとったことである。サヤドウ師の場合は、ヴィパッサナーという瞑想法に専念した。また、もう一つの特徴は、伝統的テーラワーダ仏教の教理や輪廻転生に基づく世界観を控えめに扱った点である。「正しい教え」（orthodoxy）より、「正しい行」（orthopraxy）に自分たちの僧侶としてのアイデンティティを見出したのである。これはインサイト・メディテーションの性質、特にその組織形態や修行法に大きな影響をおよぼした。

このマハーシ・サヤドウやその他のアジアの教師たちの勇気とイノベーション（革

新）を考えるとき、仏教の歴史自体がそうだといえるかもしれない。鎌倉仏教の、道元、親鸞、日蓮も新しい改革者であり、非伝統的な宗派が時代とともに伸びていったのと同様である。

禅やテーラワーダに見られる改革の精神を考えると、仏教というのは教義ではなくて「生き方」であるということがよくわかる。実際、アメリカ人で仏教に改宗した人たちは、「頭での教義的な論争などは、キリスト教やユダヤ教にあるが、いくらそれを学んでも自分の心は変わらない」と言う。ゆえに体験を求めて仏教にくる。やはり、メディテーションと「生き方」に惹きつけられているのだ。ビートニクによる文化的な転換と六〇年代の意識革命を経たアメリカにあって、仏教はその新しい生き方の要求に応えているのである。

アメリカ文化と仏教の成熟を象徴するダライ・ラマ

一九九〇年代の半ばのことであった。ダライ・ラマ一四世は、全米テレビ番組放送でインタビューを受けた。インタビュアーは、テッド・コペルという有名なジャーナリストであり、二〇年も続いたこの番組のプロデューサー兼司会者である。ふだんはテレビ中継でインタビューを行うのだが、今回コペルはダライ・ラマに敬意を払って、国家元首等をインタビューする際にしか行わない面談方式を採った。二五分間政治や宗教に関するさまざまな課題について質問し、インタビューの終わりが近づいたころ、微笑みながらダライ・ラマにこう聞いた。

「ぜひ聞いておきたい質問があります。先生は、生まれ変わりをなさったダライ・ラマとしては一四代目ですね。そこで、前世のことを何か覚えていらっしゃいますでしょうか？」

ダライ・ラマは、くすくす笑い、手で自分の頭を撫でてこう答えた。

「前世を覚えているかどうかですね。……正直いって、最近、前世どころか、昨日何をやったかさえも覚えていないんですよ」

答えた後にダライ・ラマは激しく笑い続けた。的外れの質問をしたことに気づいてコペルは顔を真っ赤にして「そんな質問をしてすみません。私が悪かった」といわんばかりに恥ずかしそうに謝った。ダライ・ラマは、輪廻転生という一人ひとりの信仰の内容に関わる複雑な質問は、限られた時間で二〇〇万人のアメリカ人視聴者に正確かつ有効に答えられないと判断したのであろう。そこで、ユーモラスな答えで返したのは、ダライ・ラマが長年のアメリカ人との付き合いからそれがコミュニケーションに効果があると知っていたからであろう。私はこのエピソードはアメリカ仏教におけるユーモアを象徴すると考えている。そして仏教とアメリカ文化の融合、仏教のアメリカ化の成熟の姿を見るのである。

（5）*Journal of the Maha-Bodhi Society*, I, no.11, March 1893, 5.
（6）この引用文は、アメリカ宗教学会でのダンカン・ウィリアムス〔現在南カリフォルニア大学教授〕による発表資料に基づく。
（7）Jack Kerouac, *The Dharma Bums*, Heartcout Brace and Company, 1958. および Thomas Tweed and Stephen Prothero, *Asian Religions*, pp.198.199. 下記の引用文もこの同じ書物から得たものである。ここには、『ザ・ダルマ・バムズ』の原文がそのまま掲載されている。
（8）David Landis Barnhill, “Great Earth Sangha: Gary Snyder’s View of Nature as Community.” in Evelyn Mary Tucker and Duncan Williams, eds., *Buddhism and Ecology*.
（9）Rick Fields, *How the Swans Came to the Lake*.
（10）Richard Seager, *Buddhism in America*.

第三章

仏教がアメリカに出会う

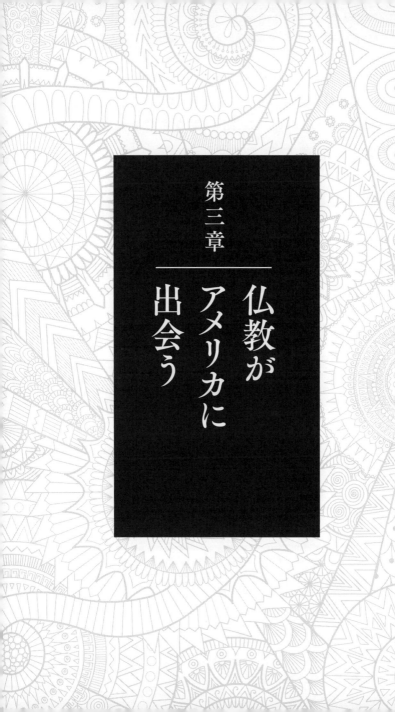

仏教の本質を問い直すアメリカ仏教

アメリカ仏教の五つの特徴

アメリカ仏教の特徴を考えるために、本章では第一章で挙げた四種類の仏教徒の中の「瞑想中心の改宗者」に焦点を当てることにする。本来ならば、他の三種類の仏教徒の特徴も論じるべきであろうが、この一冊の紙幅ではその余裕はない。また、さらにいえば、これら改宗者たちには、アジアにはなかった新しいアメリカ的な特徴が現れているからである。つまり「瞑想中心の改宗者」を、アジアの伝統仏教と比較していくと、仏教のアメリカ化の要素が顕著になる。その新しい特徴とは、

一、平等化
二、メディテーション中心
三、参加仏教

四、超宗派性
五、個人化宗教
この五つである。

また、彼らにはアジアの要素を引きずるアジア系仏教徒たちよりもアメリカ化の要素がいっそう顕著に見られる。ここでいう「アメリカ化」とは、文化変容(acculturation)のことであり、具体的には、一、アメリカ的な特徴を強く顕《あき》らかにしていること、および、二、アジアの「本部」から組織的に独立していることを指す。

そこでなぜ、第四の「題目中心の改宗者」には焦点を当てないのかという質問が出て当然であろう。確かにＳＧＩ（創価学会インターナショナル）は、最も数多くの人種を会員にしていることが示すように、アメリカ化の要素を備えているものの、本章で検討する五つの特徴のうち、メディテーション中心、超宗派性、および個人化宗教という三つの点が弱いということがある。その上、組織的には、日本の創価学会本部とのつながりは依然として強く、瞑想中心の改宗者のように「アメリカ化」の二つの基準の両方を満たしてはいないことが挙げられる。

では、アメリカ的な特徴五項目の一つである「平等化」から検討することにしよう。

一、平等化――あらゆる差別を撤廃して――

出家者優位の伝統を覆す

十数年前、私は北カリフォルニア仏教連合会が主催する相互理解を目的とする研修に参加した。禅センターに通う在家の白人女性、タイ出身の出家僧侶、チベット仏教徒の在家白人男性、そして浄土真宗の日系人の僧侶たち一五人ほどが集まるという、アジアの仏教界では非常に稀な、出家者と在家者が対等な集まりであった。

そこで最も活発にディスカッションされたことは、三〇代女性による、東南アジア出身の僧侶（出家者）たちへの批判についてであった。女性は訴えた。

「あなたたちに合掌して挨拶しても、皆さん出家者は、私たち在家者には挨拶を返さない。特に我々女性に対してはいっそうはっきりしている。これは、平等と仏性（すべての生き物は仏になる可能性を有する）という仏教精神に反するのではないか？」

出家僧侶たちは呆然とし、どう答えたらいいかわからないようであった。それは当然で、東南アジアでは彼らがとった行動は普通であり、誰からも批判されるべきものではない。伝統的な視点からいえば、僧侶が一番偉く、在家者は彼らを敬う。在家者が出家者に出会ったときや会話を交わすときには、相手に合掌してお辞儀をする。タイでは、室内であれば床に頭をつけながら三回も礼拝する。その場合、出家僧侶は在家者に対しては合掌もお辞儀も返さない。

ある出家僧侶は、弁解した。自分たちが在家者や年下の人にお辞儀をしないのは、平等や仏性の考えを否定するのではなく、仏教教団のしきたりだからで、それは仏道を象徴する先輩を敬うということなのだと。それが教えを伝えることなのだというのだ。それに対し別の女性は、それは承知しているが、伝統より大切なのは、仏教の本質であり、彼女が尊敬するダライ・ラマ師は、いつも誰にでも合掌し、やさしい笑顔でお辞儀をする。これが仏教の本質であり、だからこそダライ・ラマ師は世界の多くの人々に尊敬されているのだと語った。

議論は長く続き、在家・出家と女性・男性に関するさまざまな課題を浮き彫りにした。この衝突はアジアの仏教のあり方自体に由来するといえよう。釈尊自身が王子の地位を捨て、家族と離れて出家したことに由来し、現在でも東南アジアや中国や韓国や台湾等の仏教では出家者が主導権を握っている。アジアにおける仏教では出家者優位は常識である。

従って、出家者の少ない日本仏教こそが例外なのである。これは、明治時代の廃仏毀釈政策で、千年以上続いた出家制度が衰え、多くの出家者が家族を持つことを強いられたことに由来する。この在家者優位の志向は、大正・昭和時代に盛んになった新興宗派で明確に現れた。代表的な新興宗派・創価学会や立正佼成会では、庭野日敬や池田大作などの指導者たちは出家僧侶ではなく、家族を持つ。庭野氏が亡くなった後、長男が最高指導者の地位を継ぐような世襲もある。

アメリカ仏教に出家者が少ない理由

現代日本の出家者の傾向は、アメリカではより強いものとなっている。出家者はごく少なく、稀で、指導者のほとんどが家庭を持っている。それには四つの原因がある。まずは制度的な原因である。出家したとしても、アジア諸国の出家者のような周りからの尊敬や物質的なサポートは得られない。多くの仏教センターは小規模であり、出家者を支えるには信者の数が少なすぎる。タイでは、出家者の日常の托鉢への布施や公共交通運賃無料など、精神的にも物質的にも社会全体の支援があるが、政教分離を掲げ、多様な宗教を抱えるアメリカ社会では不可能である。

二つ目の原因は、アメリカへ渡った仏教自体が出家主義ではなかった点である。禅仏教の鈴木俊隆師や前角博雄師も、チベット仏教を代表するトゥルンパ師も結婚していた。東南アジアのテーラワーダ僧侶たちは、依然として出家という伝統を固く守っているが、アメリカ人を指導した進歩的な僧侶たちは、弟子には出家を強制しなかった。ジャック・コーンフィールド師や他のアメリカ人のインサイト・メディテーション指導者たちは出家者ではないのである。

第三の原因は、一九五〇年代の「ビート仏教」が反社会への精神《カウンター・カルチャー》（反権威的な精神）を反映していたように、その後も仏教に自由な生き方を求める人たちが多くいることである。彼らは、厳しい戒律に束縛される出家者には抵抗を感じる。

最後に挙げる原因は、一般アメリカ社会が出家者から遠ざかる傾向にあるということである。それは、長い歴史と膨大な組織を誇るカトリック教会の神父にも見られる。結婚が認められないため、神父の数も若い世代の志望者もこの数十年で激減していて、教会内の深刻な問題となっている。教会のために尽くしたいが、結婚し家族を持つことまで犠牲にしたくないと考える人が増えているのである。なぜプロテスタントの牧師のように仕事と家族の両立ができないのかという声も高まっているが、制度は一向に変わりそうもない。

また、結婚しない宗教家に対する不信感が増している。近年発覚したカトリックの神父による多数の性的犯罪事件がその大きな原因である。性的犯罪と結婚しないことに因果関係は立証されていないが、「因果関係あり」との考えは社会の一部に根強いようである。少なくとも、神父が家庭を持たないことは、一般の人々の家庭の悩みなどを深く理解ができないという理由から、宗教家にとって不利だと考える人はかなり多い。

とにかく、出家制度自体が「家庭否定」であると見られ、それは家庭を重要視するアメリカ社会では好ましいことではなく、出家者離れにつながっている。政治家にしても、家族を大切にする候補者が好まれる。二〇〇〇年の大統領選挙で、ブッシュにかなりのリードを許していた民主党のゴア候補は、夏の民主党大会で、彼の父親として、夫としての美点を家族写真や家族の証言によって訴えたことで、支持率を一気にアップさせた。

在家への懸念

しかし、このように家族を尊重するアメリカ社会の風土は認めるものの、アメリカ仏教のあり方として懸念の声も聞こえるということを述べておく必要があろう。例えば、インサイト・メディテーションの創立者の一人であるジョーセフ・ゴールドスタインは、伝統仏教の基礎である出家制度が拒否される傾向に対して警告を発している。

在家者の我々は大変忙しい。たくさんの責務を抱えているが、仏法の仕事は時間がかかる。在家が出家と同じような完璧な道だという考えは、釈尊が教えたことと一致しない。釈尊は初期に、在家の生活は「埃に満ちている」と明確に説いたのである。そして、彼は自分たちの成果について疑問を投げかけている。

〝かつてアジアが輩出した本当の巨匠を出すように、我々の世代がプラクティスを行っているかどうかと考えるのだが、私には、そのようにやっているとは見えない。〟(11)

このような意見を持つ人も存在するが、私が見た限り、アメリカ仏教の傾向として出家する人々は、今後もごく少数に限られていくであろう。その点では、出家者が中心となっているアジア全体の仏教のあり方とは異なって、現代の日本仏教と似た形をとることになると考えられる。

女性指導者の増加

十数年前、私は全米仏教指導者会議という集まりに参加することができた。ゆったりとした丘に囲まれたスピリットロック・センターで行われ、全米からアメリカ仏教を代表する指導者二五〇人ほどが集まった。そのほとんどが、禅、ヴィパッサナー、チベット系統に所属していて、また、参加者の九〇パーセントは白人であった。会議は五日間という期間で、最終日にはダライ・ラマが訪れるということもあって、活気に溢れていた。多くの参加者は、お互いに面識があるようで、宗派を超える交流も盛んであることを示していた。

最初の集会に出て、一番印象的だったことは、指導者の半分が女性であったことである。また、その後の会議では、女性は男性と対等に意見を述べ、指導的な役割を果たしていた。

これは、アジア全体で見られる男性優位な伝統仏教団体の状況および、現代の日本仏教とは対照的である。日本の寺の住職は大半が男性である。女性が住職であってもそれは珍しく、亡き夫のあとを息子の成人までとか、適当な男性僧侶が見つかるまでなどと暫定的である場合が多い。この傾向は、各宗派の本山や主要寺院ではなおさら強い。

このようなアジアの仏教に比べ、アメリカ仏教の女性の地位はもっと対等であるといえる。インサイト・メディテーション系統のセンターには、四八人ほどの教師がいるが、半分は女性である。また、組織の最高責任者としても活躍している。アメリカで最大教団の一つであるサンフランシスコ禅センターでは、一九九六年にブランチ・ハートマンという六〇代の女性が最高責任者として着任した。女性の指導者の活躍ぶりは小規模な仏教センターでもよく見受けられる。

女性が指導的な立場に多く存在する傾向は、アメリカの宗教界全体を反映しているといえよう。プロテスタント・キリスト教はたくさんの宗派ごとにいろいろな違いがあるが、カトリック教会と違って女性も牧師になれる。特に進歩的（リベラル）な宗派では、女性の牧師は三割に達している。そしてインサイト・メディテーション系統は、それを上回る五割が女性指導者である。アメリカ仏教がアメリカの宗教全体の中でも非常に女性に開けているといえる。

この会議には著名なフェミニストも数名参加しており、フェミニストの間でも、仏教に好感を持っている人が多いことを裏付けている。長い仏教の歴史では、女性蔑視の思想や制度が発生したことは事実である。東南アジアの出家者の戒律においても、一〇〇歳の尼僧が二〇歳の男性僧侶に敬意を払わなければならないことから「男性優位」との考えが現在でも存在する。

それにもかかわらず、フェミニスト仏教徒たちは、仏教が他の世界宗教と比べて、女性により寛容であるという見方をとっている。フェミニスト仏教徒の多くはサキャディッタという国際仏教女性組織の会員であり、アメリカ出身の女性が指導的な役目を果たしている。会長はカルマ・レクシェ・ツオモといい、チベット系尼僧でありながらサンディエゴ大学の教授でもあるアメリカ人女性である。一九八七年の創立以来、サキャディッタの二年おきに開かれる大会の主催に重要な役割を果たしている。

同性愛者《ゲイ》を受け入れる仏教

同性愛者というグループは検討項目としては、在家者や女性とは種を異にするかもしれないが、同じように差別の対象になったり、対等に扱われてこなかったりしたという「不平等」な点では共通している。伝統仏教では、上記のように在家者と女性は、出家者と男性に比べて下位に置かれ、洋の東西を問わず現代社会でも女性と同性愛者は差別されてきた。

近年、著しく向上しつつある女性の社会的地位と並んで同性愛者の立場も改善されつつある。しかし、地域によっては彼らへの差別は依然として根強い。特に保守派キリスト教団体は非常に厳しく、そのような環境で精神的迫害を受けて育った同性愛者の中には、仏教に惹かれる人が少なくない。その一人が、エリック・コーヴィグである。

コーヴィグは、東海岸のマサチューセッツ州のインサイト・メディテーションに所属する仏教徒であったが、一九九三年に西海岸のサンフランシスコへ引っ越した。エイズの大流行でトラウマ的な打撃を受けていたゲイ・コミュニティのために、何か役に立ちたいと思ったからである。コーヴィグによると、ヴィパッサナー瞑想を行うことで、ほとんどの同性愛者が抱えている自己嫌悪をはっきりと見つめ、それを智慧の光によって解消することができるという。

〝心をじっくり、細かく、微妙に、そして一瞬一瞬に観察することによって、幼いときから受容できず、我々の奥に閉じ込められていた自己嫌悪を捉えられるように自分を鍛えることができる。これ（自己嫌悪）はかびのように、暗い場所が必要であるが、〔ヴィパッサナーで得られる〕智慧の透明な光には耐えられないのである。〟(12)

このように、瞑想の智慧を重視するとともに、コーヴィグは、慈悲の重要性も強調する。

多くの同性愛者は、一般社会と他の同性愛者からも隔離されているからである。仏教の慈悲の精神でお互いを助け合うことをコーヴィグは、ある仏典の一節を語って訴えかける。ある僧侶が赤痢で自分の糞便の中に寝ている。しかし他の僧侶が彼の面倒を見ないので、釈尊は弟子のアーナンダに助けられ、彼の体を洗いながら、僧侶たちに言う。

〝僧侶たちよ、貴方たちには、貴方の面倒を見てくれる母も父もいないのですよ。僧侶たちよ、お互いが助け合わないと、誰が貴方を助けてくれるのですか？僧侶たちよ、私の面倒を見るくらいならば、病気した者の面倒も見てあげなさい。〟(13)

この仏典の物語は、アメリカの同性愛仏教徒の間では教訓としてよく語られるそうである。この連帯感の必要性は、一般社会からの差別と迫害がいかに厳しいものであるかを示しているといえよう。

仏教に惹かれて来た同性愛者の多くは、キリスト教文化で育った中で、冷たい目で見られたり厳しい扱いをされたりしてきた。近年、多くのキリスト教会も寛容な姿勢をとり始めたが、いまだに保守派は、同性愛者は罪人であるという聖書の教えに基づいて厳しい態度をとり続けている。このような環境で、多くの同性愛者は他の宗派や宗教に心の拠り所を求めざるを得なくなったのである。

その一つが仏教であった。それは、仏教が同性愛に対して寛容な態度をとったからである。ダライ・ラマ師が個人的な意見として、パートナー同士が合意し、出家僧侶の禁欲を誓っておらず、そして、他の人に害を与えないという三つの条件を満たせば、同性愛は間違いではないと発言し、禅のロバート・エイトキン老師も、「自分の性というものを認めなければ、本当の禅をやっていないということになる。……(中略)……そして、自分が同性愛者であることを隠していれば坐禅はできない」と説明したりしている。

仏教の基本の立場からすれば、性的行為自体は欲であり、その欲は執着となり、そして執着は苦のもととなるのである。しかし、アメリカ仏教の指導者たちは、同性愛行為だけを取り上げ、それを教学的な立場から保守キリスト教団体のように「悪」であるとか「罪」であると定義し、同性愛者を厳しく批判することはなかったようである。

このような伝統仏教の立場と、現代アメリカ仏教指導者の寛容な態度に励まされて、同性愛者の仏教グループが西海岸を中心として全国に発足している。サンフランシスコにあるゲイ・ブディスト・フェローシップ、ダルマ・シスターズとハートフォード・ストリート禅センターが代表格である。ゲイ・ブディスト・フェローシップは、五〇〇名を超える会員がいて、毎週日曜日、講師を招きディスカッションや勉強会を行っている。講師には、チベット仏教の尼僧、医師、市長、大学教授らを招き、テーマは「メディテーション」、「薬物中毒」、「政治関与の方法」や「日常の執着への対応」などである。

二、プラクティス（行）中心――メディテーション中心の仏教――

「あなたのプラクティスは何ですか？」

スピリチュアリティを重んじる人には、「教義」や「儀式」よりも「行《ぎょう》」が強調される。アメリカ仏教の場合、この「行」は、プラクティス（修行・行）を指すのである。英語の「Practice《プラクティス》」には、スポーツ、芸術、音楽や武道等の分野で行う「練習」という意味もあり、何度も繰り返して体得し、自分のものにするという意味を含むのである。

仏教徒の多くは、自分のプラクティスを非常に重視し、それは仏教徒としてのアイデンティティの重要な一面となっているといえよう。そのよい例が、宗派を超える仏教徒の集まりで交わされる会話である。「あなたの宗派は何ですか？」とは聞かず、「あなたのプラクティスは何ですか？」（What is your practice?）と聞くことが多い。

それに対して、「テーラワーダ」（上座部）や「曹洞宗」や「ニンマ派」という宗派名ではなく、「ヴィパッサナー」や「禅」や「ゾグチェン」（チベット密教の修行法）という修行名で答える場合が多い。

メディテーションで変わる人々

『ロサンゼルスでブッダとなる』というビデオには、メディテーションを自宅で定期的に行っているグループのインタビューが含まれている。その指導者は、メディテーションを数か月行えば、人はほとんどが「自分が世の中の一員であり、そこから分離して存在しているのではない」と気づき始めるという。多くの日本人にとってこれは当然なことであろうが、個人主義の行き過ぎたアメリカ人にとっては、このような意識は希薄になっているようである。中には、この意識が頭だけの理解としてとどまっていたが、メディテーションによって全身に深まったと訴える人もいる。

参加者のある中年男性は、仏教でいう「無常」という教えを、メディテーションを通して観ずることによって、頭だけではなくより深く体得できる、と告白する。「自分の人生が、いかに大自然のいのちと一体であるかという感覚が強くなってくる」と彼はいう。つまり、「無常」とか「死」ということにメディテーションを通して向き合っていくことにより、自分の宗教性が養われていくのである。

この男性は、以前はキリスト教会に通い、青年部の会長まで務めていたが、何かしっくりせず、精神的なわだかまりがあったそうだが、仏教に出会い、特にメディテーションすることによって、何か、自分を探すことができたそうである。彼は、昔は怒りをよく感じ、自分の幸せしか考えず、他人のことなどはどうでもよいと思っていたが、メディテーションすることによって大きく変わったという。

三、社会参加——エンゲージド・ブディズム——

ティク・ナット・ハンとエンゲージド・ブディズム

ベトナム出身の僧侶ティク・ナット・ハン師は、社会参加が仏教そのものであることを力説している。それは日本仏教の主流にはあまり見られない。

〝エンゲージド・ブディズム＝参加仏教とは仏教そのものである。自分の家庭や社会で仏教を実践すること自体が、エンゲージド・ブディズムなのである。〟[14]

ナット・ハン師にとって、エンゲージド・ブディズム（参加仏教）は仏教と「別なもの」であるとか仏教に「加えたもの」ではなく、仏教の本質なのである。

このナット・ハン師の考えは、欧米の仏教徒の間では一般によく知られている。日本でもよく耳にするようになってきた「エンゲージド・ブディズム」という言葉の普及は、ナット・ハン師が一九六三年に著した本のタイトルでもあり、その後、師がベトナムからフランスへ亡命し、アメリカやヨーロッパで活躍したことによって広まった。

本来の engagé《アンガージュ》 というフランス語は、政治に対して発言するとか、関わるという意味で、当時のベトナムで使用されていた。フランスを中心とする実存主義、特にジャン・ポール・サルトル（一九〇五〜一九八〇）に影響され、社会へ関わることが自由である人々の責任であるという考えに基づく言葉であった。

ナット・ハン師は、ベトナムで長く続いた独立戦争（インドシナ戦争）中、寺院に残って修行するか、戦争で困っている人々の助けになるかの選択に悩んだ。その結果、両方を行うことが本当の僧侶としての役目だと決心したのだという。その後、ナット・ハン師は修行に基づく非暴力を理念として掲げながら、社会の問題に関わっていくことに努めている。その努力が認められ、アメリカのキング牧師によりノーベル賞候補に推薦された。

その後、このような社会参加を支持する運動や団体は、東南アジアや欧米でより活発になり、「エンゲージド・ブディズム」が現代仏教の主な特徴の一つとなったといっても過言ではなかろう。

なかでも実績があるのはスリランカのサルボダヤ・シュラマダーナという社会運動で、一九五八年以来、仏教の教えを理念とし、一般市民全体の経済的・社会的・政治的な向上に努めている。

さらに、このような運動を促進するため、一九八九年には、エンゲージド・ブディストの国際ネットワーク（International Network of Engaged Buddhists）が結成され、東南アジアやアメリカを中心とする団体が関わってきている。そこでのアメリカ仏教の例を見ることにしよう。

エンゲージド・ブディズムの専門団体

エンゲージド・ブディズムを専門としている最大の団体は、一九七八年に創立されたブディスト・ピース・フェローシップ（Buddhist Peace Fellowship［BPF］）という組織である。その目的は、次のように表現されている。

〝我々は、個、他との関係、組織および社会制度から生じる苦悩から、衆生が解放されるための手助けに努める。BPFが行う行事、出版、および修行等を通して、仏教の智慧と慈悲という教えを進歩的社会改革に結びつけることを目指す。〟

BPFは、現在、約五〇〇〇人の会員を擁し、カリフォルニア州バークレー市に本部を設け、全国三九の支部から成り立つ。他にもカナダ、メキシコ、オーストラリア、韓国、インド、ドイツ、イタリア、およびスペインに合計一二の支部がある。会員の多くは既に諸宗派に属していながら、なおかつ社会的問題を仏教の立場から追求したいと考えてこの二つ目の組織に加入しているのである。また、なかには他に所属していない会員もおり、彼らにとっては、参加仏教こそが仏教への主な関わり方となっている。また、この組織は、一般アメリカ社会に向けて平和運動をいろいろな形で行っている。二〇〇三年の三月にイラク戦争が始まった際、他の平和団体と一緒に反対声明を出し、各都市の反戦行進に参加した。一九九〇年の湾岸戦争の時も同様であったし、二〇〇八年のチベットでの反中国運動の際にも、いち早く抗議を行った。

また、毎年ネバダ州、アリゾナ州およびカリフォルニア州の核兵器製造・実験を行う場所に行き、実験停止と核兵器の廃止を訴えるデモを行っている。そのデモは「平和」を趣旨に、参加者が実験場の外で瞑想を行うという非暴力の形をとっている。さらに二〇〇五年八月には広島・長崎の原爆六〇周年の記念行事をアメリカ全国の二〇か所で行った。その際、幹部の一人であるスーザン・ムーンは、次のように述べている。

〝エンゲージド・ブディストとして、私は苦悩に背を向けないよう努力しています。

我々としては、日本で原子爆弾が三〇万人を殺したことを忘れてはなりません。絶対、繰り返してはいけません。この悲劇がこの二つの都市で起こったのは六〇年も前のことですが、今日、同じようなことが起こる可能性は十分あるのです。我が政府はいまだに核兵器を生産し実験しています。仏教徒として、我々は皆お互いにつながっているのだということを発言し、人々に忘れないよう支援する必要があります。〃

他には刑務所や環境問題にも力を入れているが、もう一つ興味深い活動が、若い世代をエンゲージド・ブディストとして養成する「社会参加のための仏教同盟」(Buddhist Alliance for Social Engagement〔BASE〕)というプログラムである。参加者は、六か月間、経験者の指導の下で、「社会問題とスピリチュアル」の両面に対して研修と修行を行う。

ここでいう「社会問題」とは、ホームレス、刑務所、ホスピス等でのニーズのことであり、参加者は実際に現場で研修を行う。一方、「スピリチュアル」とは、自分の仏教徒としての実践のことであり、それには教義の勉強やメディテーションの実践が強く求められる。BASEの特徴は、社会問題への関心を仏教の教えと結びつけ、両面の向上が求められるところにある。

また、『ターニング・ホイール』(回転する法輪、転法輪)という雑誌を毎年四回発行し、社会問題、世界情勢、社会的テーマ、人生のテーマ、と仏教プロパーという幅広い分野におよぶ特集を組んで啓蒙している。具体的には、社会問題は「暴力・非暴力」、「性的犯罪」、「人種差別と仏教」等、世界情勢は「イラクからのレポート」、「仏教徒の九・一一事件への反応」、「湾岸戦争」等、社会的テーマは「医療倫理」、「死刑」、「消費主義」等、人生のテーマは「老い」、「家族」、「希望」等、仏教プロパーの課題としては、「カルマ・業」、「仏教指導者と性的不正行為」、「憎しみ」等が取り上げられている。

五〇〇〇人の会員と四〇近い支部によるこの団体の存在は、アメリカ仏教における参加仏教の重要性を強く表すものといえよう。ここで、規模としてはブディスト・ピース・フェローシップほどのものではないが、他の参加仏教の二つの例を見ることにしよう。

ホームレスの街頭リトリート

普段リトリートといえば、比較的裕福な人たちが週末に静かで安全な場所で、同じような立場の人たちと法話を聞きながらメディテーションを行うことを連想する。しかし、この街頭リトリートは、条件がまったく異なる。参加する人たちは同じ層の人々であるが、リトリートの舞台となるのはニューヨーク市のホームレスが集まる地域である。

主催者はニューヨーク禅センターとその創立者バーナード・グラスマン師である。師はグレイソン・マンダラという施設を設立し、食事、宿泊、就職等のホームレスのニーズに積極的に応えてきた。その事業の一つであるパンケーキ販売店は四〇人も雇い、その他に数百人に就職に必要な経験と技術を提供してきた。

このような活動を行ってきたグラスマン師によるリトリートは、一般のリトリートでは済まない。一九九三年七月に行われたある五日間のリトリートには一〇人が参加し、毎日をニューヨークのホームレスと同じような生活をして過ごしたのである。

一日中、参加者はホームレスが多い地域を回り、同じような場所で食事をとり、街頭で寝て、時には物乞いをし、ホームレスの立場に立って「内」から物事を見るのである。

参加者は、毎日二回坐禅をし、仏教伝統の施餓鬼《せがき》会を行い、自分の欲望、不安、自己のイメージ、ホームレスの社会的原因等を観察し話し合うのである。このような異例の手段を通して、グラスマン師は参加者の宗教心を刺激し、養成する。また、宗教心を通して、社会問題に関心を持ってもらい、仏教が自分の悩みの解消だけに終わるのではなく、特に大乗仏教が掲げる「利他行」（他者を利する行い）を実践させるのである。

このリトリートの参加費は一日一〇〇〇ドルと高額で、五日間で五〇〇〇ドル（約五〇万円）の費用がかかるが、それでも参加者は絶えないそうである。それは、参加者にとって有意義な体験ができる上、参加費がホームレスのための資金となるという満足感もあるからであろう。

ハワイから発信されたプロジェクト・ダーナ

アメリカで長い歴史を持ち、全米組織を持つ日系人中心の浄土真宗教団も早くから社会参加プログラムを実施してきた。一九六〇年代には、ブディスト・ライフ・プログラム（仏教的生活）というプログラムを設け、仏教を日常の生活に生かそうとすることを積極的に実現するよう努めた。そして一九七〇年代の初期には、若者のニーズに対応するためリリヴァント・アメリカン・ブディスト（アメリカに適切な仏教徒）というプログラムを実施し、人間関係等の日常的課題やベトナム戦争等の社会的諸問題に関わっていく仏教を目指した。しかし、これらプログラムの活動範囲は教団内にとどまり、一般社会までにはおよばなかった。

その傾向を一変させたのが、一九八九年にハワイのモイリリ本願寺から始まったプロジェクト・ダーナ(布施のプロジェクト)というボランティア福祉活動である。「ダーナ」とは、サンスクリット語で「布施」という意味であり、仏教では見返りの報酬を求めない報恩感謝の精神で行われるのである。ボランティアは、年寄りの家庭を訪問し話し相手になるとか、アルツハイマー病や寝たきり老人に付き添って日夜介護を続けている家族の方に、介護を一時的に代わってあげたりする。また、電話でお年寄りや介護の家族を励ましたり、買い物を代わってあげたり、病院通いを手伝ったりもする。ごく簡単な修理や修繕、身体の不自由なお年寄りの身の回りの掃除や修理なども手伝っている。

プロジェクト・ダーナの特徴は、浄土真宗や仏教や日系人という枠を超え、一般社会の誰もが利用できるプログラムへと発展していったことである。今は、ホノルル市をはじめとして、福祉サービスや老人問題に取り組む六〇以上の病院や研究所、ボランティアグループ、行政、企業などと提携し、お互いの役割を認め合いながら活動している。実に「政教分離」という常識を超えた社会現象となったのである。

そして一九九三年には、ロザリン・カーター（カーター元大統領夫人）が創設したロザリン・カーター賞の最初の受賞者となった。これがきっかけとなり、全米のボランティア福祉活動の世界で注目を浴び、それにより、仏教の「ダーナ」という精神が一般アメリカ社会にも知られ始めたといわれている。

プロジェクト・ダーナのこのような活動は、アジア系仏教徒の参加仏教への考えの変化を象徴しているといえよう。自分たちの民族の文化やアイデンティティを仏教に求めてきたアジア系仏教徒は、改宗者がほとんどであるブディスト・ピース・フェローシップの会員と比較すれば参加仏教には消極的であった。しかし、考えもすっかりアメリカ人である三世・四世の時代が訪れるにあたって、社会を重んじるアメリカの宗教観に影響されるのは同然であろう。他のアジア系仏教徒にも同じ傾向が窺われる。

それを代表するのは、台湾系の Tzu Chi Foundation または Buddhist Compassion Relief（仏教慈悲救援）という全国団体である。世界中に四〇〇万人という会員を持ち、アメリカでは一一の州に支部を設け、約一〇万人の会員数を誇っている。この団体は、「慈悲に基づき救済し、喜捨を行う」という標語を掲げて、洪水、津波や地震という自然災害の被害者救援に力を入れ、それが会員全員の主な役目となっている。二〇〇五年に起こったハリケーン「カトリーナ」による大被害には、いち早く救済を開始し成果を出している。

なぜアメリカで盛んなのか

なぜアメリカ仏教では、エンゲージド・ブディズムが比較的盛んなのか？　理由の一つは、参加仏教に関わっている人たちの中に若い時代、特に一九六〇年代に、社会運動に携わっていた人が多いからである。多くは、政治的には左翼志向で、進歩派が多く、ほとんどが人権運動やベトナム戦争の反戦運動に関わっていた。その他には、ケネディ大統領が始めた連邦政府主催の平和協力団体に参加し、発展途上国に出かけ、国際社会の問題に若いエネルギーを注いだ人も少なくない。ちなみに、この平和協力団体を通してアジアで仏教に出会った者も多くいるのである。インサイト・メディテーションの創立者の一人であるコーンフィールドは、その一人である。

もう一つの要素として挙げられるのは、一般アメリカ人の宗教観である。以前述べたように、社会においては、宗教は重要な役割を占めている。宗教は社会の問題に取り組み、人々の苦しみや問題に関わっていくのが「本物」の宗教であるという考えが根強くある。本物の宗教であればこそ、その教えに影響された人々は、内面的・

自分の悩みにとどまるのではなく、外面的・社会的な行動を必然的にとるのである。つまり宗教は社会を向上させることができ、それが宗教の使命であると見ることが、一般アメリカ人の宗教観の重要な要素となっているといえよう。

その宗教観のルーツとしては、ユダヤ教やキリスト教の正義という言葉に象徴される世界観や歴史観がある。神が創造した世界は根本的には悪ではなく善であるが、世の中に存在する悪に対しては、人間の努力によって「神の国」（Kingdom of God）という理想的社会を創立していくべきだという考えがある。特にアメリカでは、この思想の流れを継ぐ人々は、この神の国を死後ではなくこの世で実現することを強調する。そしてそれは、世の中は常に向上するべきものだという楽観的な歴史観に基づいているのである。

また、キリスト教では貧困者を重んじる教えが強いことは、よく知られている。それは開祖イエス自身が、庶民的な生活を送る大工という階層の者であり、社会の貧困や一般の市民への理解が強かったからでもある。このように貧困者を重んじるイエスの発言や行動から、社会の問題に目を向けるキリスト教が生まれ、それが今日のアメリカ社会にも影響を与えていると、私は考える。

以上のような宗教観を持つアメリカ人が仏教に改宗すれば、仏教を理解する際、当然社会性を重んじることになる。例えば、ブディスト・ピース・フェローシップでは、菩薩行（bodhisattva practice）とか慈悲（compassion）といった言葉が非常に頻繁に使われる。これこそ、東洋の宗教と西洋の価値観の出会いである。その結果、長いアジアの仏教の歴史では見られなかったレベルの社会参加が強調されていくのである。

四、超宗派性——宗派を越境する——

複数の宗派所属

日本仏教の特徴は宗派意識であるといっても過言ではなかろう。大多数の寺院では、いずれかの宗派に属し、その寺院の住職はその宗派の教育制度を経て僧侶の資格を得る。これは、アメリカ仏教でも基本的に同じである。異なるところは日本仏教の場合、他宗派とのつながりは弱く、交流も少ない。各寺院や僧侶同士の関係は、同じ宗派の本山を頂点とする組織の枠の中で形成されている場合がほとんどである。一方、アメリカ仏教の場合は、いろいろな面で「超宗派的要素」が日本と比べて濃厚である。

まず、教師には、二つ以上の宗派の資格を得ている人がかなり多くいることが目立つ。例えば、ギル・フロンゾール師は、現在、インサイト・メディテーションの教師であり、カリフォルニア州で独立したセンターの住職役を務めている。しかし、フロンゾール師は二〇代の時、サンフランシスコ禅センターで仏教に入門し、そこで得度を受け教師の資格を得た。その後四〇代に入って、南方仏教系のインサイト・メディテーションで修行を積み、現在のポストに就いたのである。興味深い点は、フロンゾール師は今でも禅センターの教育機関で非常勤として教えていることである。

実は、フロンゾール師は例外ではなく、インサイト・メディテーションのスピリットロック・センターの二〇名の専任教師の中には、他の宗派で修行し、資格を得た者が八人もいる。そのほとんどは、禅かチベット仏教、特にゾグチェン派で学んだ経験の持ち主である。また、その八名中の五人は、ヒンドゥー教ヴェーダーンタ派のアドヴァイタの教えにも強い影響を受けている。

この八人の一人であるアンナ・ダグラス師は、スピリットロック・センターが開始したときからの教師で、長年テーラワーダの修行法を教えている。彼女自身は禅、ゾグチェン、およびアドヴァイタという他の三つの流れの各先生に師事しており、また、心理学の博士号も取得している。師が教えるクラスやリトリートは、テーラワーダ仏教が中心ではあるが、それ以外の多様な教えによる解釈や教授法を採用するのも当然であろう。

このような複数の影響を受けた教師の存在は、インサイト・メディテーションのスピリットロック・センターに限らない。例えば、タンドラ・ウインド師は、最初は曹洞宗系のアメリカ人ケネット老師より伝達を受けた。その後韓国の曹渓宗で学び、ニューヨークにある韓国系の Kwan School of Zen の寺の住職まで務めた。さらにその後、師はターラー女神を中心とするチベット系の修行法に励んだ。ウインド師は、このように複数の宗派を経験していることは、弱点ではなく新しく改革する原動力になると、発言している。

二重宗教アイデンティティ

“JUBUs”（ジューブース）という言葉がある。ユダヤ教徒・人（Jewish《ジュウイシュ》）を指す“JU”と仏教徒（Buddhist《ブディスト》）を示す“BU”を結合した合成語である。最後の“s”は、複数を示し、“JUBUs”とは「ユダヤ教・仏教徒たち」または「ユダヤ人・仏教徒たち」という意味となる。すなわちJUBUsはユダヤ教徒から仏教徒に改宗しながらも、本来のユダヤ教徒・人としてのアイデンティティを保持している人たちのことである。

英語で、dual religious identity（二重宗教アイデンティティ）とも呼ばれている現象だが、多くのジューブースの人たちは、二つの宗教を同時に持っている。仏教と神道を同時に日常生活に受け入れている日本では気にならないであろうが、アメリカでは二重宗教は大変珍しい。にもかかわらず、彼らが存在するのは、アメリカのユダヤ教徒の中に、キリスト教に改宗することを極端に反対する人が多くいるからである。ユダヤ教徒の人々はキリスト教徒に差別され、第二次世界大戦中にはあのナチス政権による大虐殺にまで至った歴史的背景がある。アメリカは、以前より大変よい状況にあるものの、いまだに差別は完全に消えてはおらず、一部のキリスト教徒から「イエスを殺した民族」といわれて非難されている。そんなユダヤ教徒にとって、確執や苦い経験のない仏教や仏教徒への改宗は、キリスト教に改宗することに比べれば抵抗がないのである。

また、仏教は寛容な宗教であるというイメージが強い。実際、改宗して仏教徒になっても、ユダヤ教の伝統や慣習は捨てる必要もなく、家族との付き合いもそのままで、逆によりよい仏教徒になれると多くの人がいう。仏教指導者の中には、独占的な忠誠を強いる他の宗教とは異なる点を、仏教の独自性として強調する人も少なくない。

ダライ・ラマ師もその一人であり、一般講演会などでは「仏教に改宗すること」を思いとどまるように勧め、それよりも自分が育った宗教を深め、よりよいユダヤ教徒やよりよいキリスト教徒になることを促している。そうすることで、仏教が目指す個人的な平穏と社会的平和が間接的に達成できると考えるのである。他の宗教ではなかなか見られないこのような寛容な発言は、自分の宗教を保ちながら仏教に関わる人々や二重宗教アイデンティティを持つ人々の数を増やすことにつながっている。

実際、キリストの教えは捨てず、仏教のメディテーションを取り入れるケースを中心に、そういったキリスト教の人たちが増えている。プロテスタント信者より他宗教に比較的寛容なカトリックに多く、神父たちも少なくない。彼らはキリスト教では強調しないメディテーションを実践することによって、自分の信仰を深めることができたとよく証言している。

宗派の越境と伝統の間

日本では、寺院レベルでの宗派間の交流は少ない。例えば浄土真宗と日蓮宗の僧侶が、寺に法要の講師としてお互いを招待することはかなり稀なことである。一方、アメリカ仏教では、複数の流れを汲んでいる教師たちが多いことと関連して、多くの団体が他宗派の者を授業やリトリートの講師としてよく招く。

サンフランシスコ禅センターの授業やリトリートには、客員講師としてたくさんの教師たちが招かれている。インサイト・メディテーション、ベトナム、テーラワーダ、浄土真宗、真言宗、チベット、および臨済宗という幅広い宗派を代表する人々である。そのなかでも、最も多いのがインサイト・メディテーションからの教師である。それは、彼らが禅センターと同じ「瞑想中心の改宗者」の種類に所属し、長い個人的な付き合いもあるからである。

そのインサイト・メディテーションのスピリットロック・センターの場合も、同じように他宗派の講師を頻繁に招いている。なかでも代表的なのが禅とチベット仏教で、招かれる数も多い。例えばあるリトリートでは、サンフランシスコ禅センターのノーマン・フィッシャーは、「弁護士のためのヴィパッサナー」という三泊のリトリートの教師を務めている。また、チベット人のツォクニ・リンポチェ師は、「無畏の容易さ――ゾグチェン瞑想法」と題する八泊のリトリートを教師として担当したことがある。

このように他宗派の者が参加すると、スピリットロック・センターの東南アジアのテーラワーダに由来する伝統が薄らぐのではないかという心配は、センターの指導者たちにもある。その懸念を防ぐために、一日以上のリトリートでは、他宗派の教師には教える内容をセンターの伝統に関連して説くように要請している。その上、多くの場合センターの専任教師とチームを組んで一緒に教えている。

このように自分たちの伝統を守りながらも、他の視点や瞑想法を積極的に取り入れているのである。

地域ごとにある超宗派組織

アメリカ仏教全体の超宗派組織としてはアメリカ仏教会議があるが、この組織の活動は南カリフォルニアを中心とした限られたもので、全国の広い支持を得てはいない。その理由としては、多様すぎる種類の仏教が存在するアメリカにおいて、それをまとめるにはかなり難しい面があることと、国が広いために、費用や時間の面で集まることが困難であるということがある。その他の理由としては、仏教は、宗教としてイスラム教のような迫害の対象になっていないので、団結して仏教の立場を守ったり主張したりする必要性に迫られていないことも挙げられよう。

しかし全国規模とは違って、地域ごとの超宗派組織は、主要都市を中心としてかなり活発な活動を行っている。この地域連合会は、ニューヨーク、シカゴ、シアトル、北カリフォルニア、南カリフォルニアとホノルル等で設立されている。これらの地域連合会は、お釈迦様の誕生日などという仏教共通の祭日の合同儀式を行ったり、新しい仏教寺院の設立に近所の反対があった場合、支援を行ったりして、所属する寺院やセンターの相互理解と協力を進めている。また、一般社会に向けた仏教の伝道的な活動もその目的の一つとしている。

私は長年、北カリフォルニア仏教連合会に関わっていて、四年間は会長も務めた。それは、創価学会を除く三種類の仏教にまたがる二五ほどのグループから成り立っていて、日本では出会うことがないような仏教徒にも出会うことができた。その一例がベトナム仏教徒であった。シリコンバレイで知られるサンノゼ市のベトナム仏教徒のドゥクヴィエン寺で釈尊の誕生日を毎年四月頃合同で祝った。

当時、ドゥクヴィエン寺は寺院といっても、果樹園の包装出荷の小屋を改造した建物であったが、そこの尼僧と僧侶および信者たちは、非常に熱心で仏教を大切にする態度がよく見えた。彼らの中には、ボート・ピープルとして私の想像を絶するほどの苦難を乗り越えて、さらに新しい国の生活にチャレンジしにきた人たちもたくさんいた。その彼らの意気込みが仏教への熱心さの背景にあることを私はひしひしと感じることができた。

最初、ドゥクヴィエン寺院を訪れた際、法要が行われていて、その読経の音は慣れている日本のものとはかけ離れて異なる音色とリズムで、異様に感じた。それは中国仏教の読経とも異なり、より異質なものとして伝わってきた。私は同じ大乗仏教でもこれほど異なるのかという気持ちを隠せなかった。

しかし、その後何か親しみのあるお経の音が聞こえてきたが何かよくわからなかった。集中して耳を傾けている際、突然それが浄土教の念仏であることがわかった。それは、「ナーウ　アーイダ　ファート」であり、いわゆる「なむ　あみだ　ぶつ（南無阿弥陀仏）」であった。それが何度も繰り返して唱えられ、次第に私は、最初は異様に感じていたお経の音でも、内容は大変近いものであったことに驚きながら親近感をおぼえたのである。この感覚は、アジアのすべての主な種類の仏教が伝わっているアメリカであるから味わえた連帯感に基づくものであった。それを可能としてくれたのも、地域仏教連合会のおかげであった。

全国規模の組織——全米仏教指導者会議

女性の地位向上の項で言及した全米仏教指導者会議は、一九九〇年頃より数年おきに定期的に開催されてきた。全米からアメリカ仏教を代表する指導者が集まる会議である。多数の宗派の代表が参加するが、参加者の大半は、禅、ヴィパッサナー、チベット系統で、いわゆる「瞑想を中心とする改宗者」の種に属し、ほとんど（九〇パーセント）が白人であった。

その点で、「新・旧アジア系仏教徒」と「題目中心の改宗者」の代表者を含む北カリフォルニア仏教連合会とは異なるものである。その上、数年に一度数日間集まるというもので、地域密着の組織ではない。しかし、この全米仏教指導者会議は、アメリカ仏教の全国規模の超宗派的要素を強く示すものとして取り上げるべき存在である。

私は、北カリフォルニア仏教連合会を代表する者として二度この全米会議に招待され参加した。一度目は一九九六年頃であり、そこには私のようなアジア系仏教徒は一〇〇人中五名ぐらいしかいなかった。参加者の中には名前はよく知っている著名人が多くいたが、顔見知りは少なかった。

そのとき、参加者がお互いを個人的にも知っている様子であることを強く感じた。宗派は異なるが、禅・ヴィパッサナー・チベット系統に所属する彼らにはかなりのネットワークが働いているという事実を知った。必ずしもこの会議で親しくなったのではなく、以前からの付き合いから成り立っている関係のようであった。

そして次に、私にとって忘れられないことが起こった。会議の初頭でお互いを知り合うためまず同じ系統ごとに分かれた。そのとき、禅系統の参加者は部屋の右側の隅に集まれという指示が出た。そして、ヴィパッサナー系統とチベット系統のほうは、各部屋の隅に集まった。すると、残った参加者は浄土真宗の私やＦＷＢＯ（Friends of Western Buddhist Order）という新宗派の二人を含めた五名しかおらず、我々は「その他」として左側の角へ集まることになった。

私が「その他」に指定されることは、ショッキングなことであった。私はアメリカで一〇〇年以上継続してきた浄土真宗という仏教教団に関わる者としてそれなりの自信と誇りを持っていたが、この会議では、「その他」扱いであったのだ。もちろん、会議の指導者たちは悪気もなく、会議の実態を反映しただけである。その後、四つのグループをミックスし、少人数で自己紹介を含むディスカッションに移った。私のグループのメンバーの大半は、浄土真宗やアジア系仏教徒のことには乏しい知識しか持っていなかった。

この会議で、私は、禅、ヴィパッサナー、チベット系統が構成する「瞑想を中心とする改宗者」たちの間では宗派を超えてかなりの交流があるが、彼らと私が所属している「旧・新アジア系仏教徒」および「題目中心の改宗者」とのギャップが存在することを肌で経験したのである。私たちはこの状態を解消するため、次回の会議には後者の種類の代表者をもっと多く招待するよう提案した。結果、次回の会議にはアジア系の参加者は増え、その後も増え続けているということである。

いずれにせよ、アメリカ仏教には宗派意識は存在するが、超宗派的な交流を促進する方向の働きが常に作動しているように私には感じられる。この傾向は、日本仏教よりも顕著に表れているといえよう。それには種々の原因があるが、簡単に言うと、短い歴史、指導者の世襲制度がないこと、進歩派志向を持つ仏教徒、アメリカにおいて少数宗教として団結する必要性等が挙げられるであろう。

五、個人化宗教——実践重視の帰結——

宗教が個人化する三つの要素

これまで見てきたメディテーションの魅力は、スピリチュアリティや精神安定を求めるところにあった。この傾向は、教理や儀式の軽視から、実践の重視というパラダイムの変換を示している。そして、このような形態の変換は、「個人化宗教」(privatized または individualized religion) という現象を促し、そこでは、宗教が団体から個人のものへと移行する傾向が顕著となる。

実は、これは仏教だけでなくキリスト教を中心とするアメリカの宗教全体に関していえることである。宗教社会学者であるウェイド・クラーク・ルーフとウイリアム・マッキニーは次のように説明する。

〝六〇年代後半から七〇年代にかけて、教養のある中流階級の多くの若者が教会から離れていった。……（中略）……その結果は、自分たちをサポートする同じ信仰を持つコミュニティを伴わない、非常に個人化した宗教心理の傾向であった。一九六〇年代以来のこの方向への原動力となったのは、個人の達成感と理想の自己の追求であった。……このように個人主義が旺盛な環境では、宗教は、より個人化し、より個人の領域に基づくものとなる。[15]〟

この環境の中で伸びてきた仏教には、この現象が顕著に表れている。換言すると、仏教はこの個人化傾向という波に乗って伸びてきたともいうことができるであろう。

私は、アメリカ仏教におけるこの「個人化宗教」現象には、三つの要素があると見ている。

一、宗教は家族単位のものではなく個人が決めるものである。
二、宗教実践の中心は、教会や寺という団体よりも、個人の場に置かれる。
三、宗教理解のスタンダード（基準）は、伝統の権威よりも個人の経験と判断に求められる、の三つである。

このように、三点とも団体より個人が重視されることは、アメリカ特有の個人主義の表れでもあろう。一〇〇年以上前に仏教がアメリカに紹介された時も個人主義という要素が求められたが、今日は、社会の変化に伴って、当時よりも個人化がもっと進んでいると考えられる。

島薗進教授は、広い意味での個人化を「新霊性運動」または「新霊性文化」と名付け、その現象が一九七〇年代に目立ち始めたことを指摘している。日本仏教に関していえば、アメリカほどの個人化現象は現時点では見られないものの、今後より顕著に表れてくる可能性は十分あると思われる。

個人化現象は、アメリカ仏教に関わっている人々の個人的なレベルで考察すると、より明らかになる。その代表例が、ＮＢＡバスケットボールのフィル・ジャクソン監督である。彼はプロテスタントの中でも保守的なペンテコステ宗派の家庭に育ったが、その保守的な決まりや考え方に限界を感じた。大人になって、主に禅を中心とする仏教に興味を持ち、仏教の考え方とメディテーションを自分のスピリチュアリティとして実践し、監督としても導入したのである。しかし、彼は典型的なナイトスタンド・ブディストであり、自分を「仏教徒」とは決めつけず、また禅に惹かれているが、特定の禅宗の組織に深く関わりを持たず、禅以外の宗派やアメリカ原住民の宗教の考え方も取り入れている。

アメリカと仏教の「伝統より個人」という共通点

アメリカ仏教では、釈尊が生涯を終えるときに述べた「自らを灯火とし、法を灯火とせよ」（自灯明、法灯明）というかの有名な文句が非常に好まれる。伝統が伝える教えも大切であるが、自分自身の理解や体験も同じように大切であるという励ましのメッセージとして受け止められるのである。ここでも、個人重視の性質が一貫している。また、伝統が伝える教えを無条件で受け入れるべきではない、という考えを強化してもいる。その根拠として、釈尊がカーラーマ族に告げた次の言葉がよく引用される。

〝カーラーマ族の皆さんよ、報告や伝統やうわさ等に振り回されないように。また、宗教書物の権威、……や「我が師である」からだという考えに従わないように。従って、カーラーマ族の皆さんよ、自分自身が、あることが不健全であるとわかったとき、それを放棄しなさい。そして、自分自身が、あることが健全であるとわかったとき、それを受け入れ、従いなさい。〟(16)

ここには個人の判断が求められ、宗教というものは自分が納得しなければならないという仏教の価値観が顕著に表れている。そして、このような個人化の性質に惹かれる人々こそが仏教に魅力を感じるのである。

---

(11) Richard Seager. *Buddhism in America* p.151.
(12) Eric Kolvig, "Gay in the Dharma: Wisdom and Love," *Gay Buddhist Fellowship Newsletter*, March, 1993.
(13) Mahā. vagga 25:3. 日本語訳は英語訳から著者が翻訳。I.B. Horner, trans. *The Book of the Discipline Vol.4* (London: Luzac,

1951), p.430.

(14) Arnold Kotler, “Breathing and Smiling: Traveling with Thich Nhat Hanh,” *Buddhist Peace Fellowship Newsletter* (summer 1989): 22. またこれは、下記にも引用されている。Donald Rothberg, “Responding to the Cries of the World: Socially Engaged Buddhism in North America,” *The Faces of Buddhism in America*, edited by Prebish and Tanaka, p.272.

(15)Wade Clark Roof and William McKinney, *American Mainline Religions*, Rutgers University, 1987, pp.18,19,7,8,32,33. Quoted in Robert Putnam, Bowling Alone, pp.73, 74.

(16)Anguttara-nikaya, ed. *Devamitta Thera*, Colombo, 1929 and Pali Text Society Edition. p.115.

第四章

目覚める宗教としての仏教

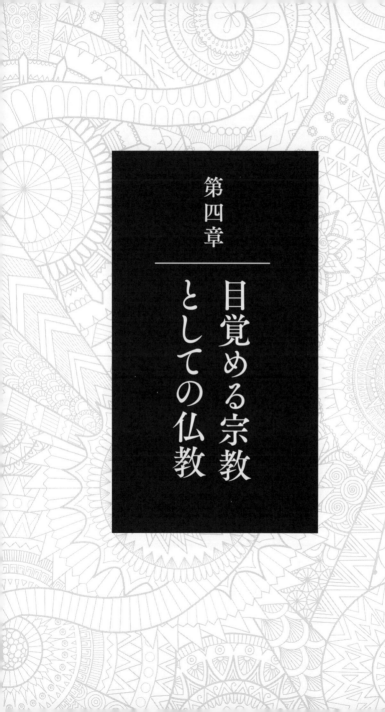

現代アメリカと仏教

宗教パラダイムの変換——

目覚めとスピリチュアリティ

前出のルーフ教授は、ある調査で若い世代を対象に「自分を宗教的（religious）と見ているか、スピリチュアル（spiritual）と見ているか」という質問をしている。その結果、多くの若者が「宗教的」を嫌がり、「スピリチュアル」を好んでいることがわかった。この傾向は人口全体にもいえることであるが、特に若い世代がこう思っていることは、今後ともスピリチュアリティの重要性が長く続くことを示唆する。

そもそもスピリチュアリティとは何か。「個人が求めるものに合った深遠な一人ひとりの体験」である、とルーフ教授は定義する。そして、その体験の正当性の基準は、既成宗教や伝統よりも、その人自身に置かれる。

スピリチュアリティの具体的な表れは、既成宗教の中にもあり、また外にも存在し、幅広い種類が窺える。例えば、自然信仰、癒やしの儀式、全身の健康、女神信仰、一二段階回復支援グループ、神話、および神秘主義者等への非常に強い関心が挙げられる。これは、アメリカの書店で伝統的な宗教の本が減る一方で、スピリチュアリティに関する本が増えていることからも明らかである。

ルーフ教授は「スピリチュアリティ」の特徴として、連結性、一体性、平和、調和、落ち着きという五つの単語で説明している。これらのキーワードは、神、罪、信仰、懺悔、道徳という伝統宗教の特徴とは明らかに異なっている。

ルーフ教授は、スピリチュアリティが浅薄で、流行性のものとの批判を認めながらも、悪い現象とは見ていない。反対に、このスピリチュアリティの高まりこそが、多くのアメリカ人が真剣に有意義な生き方を求め始めた表れであると見ているのである。

仏教の受け皿としてのスピリチュアリティ

私は、このようなスピリチュアリティへの関心が、仏教の受け皿を大きくしてくれているると思う。なぜならいずれも個人体験を重視するという類似点があるからである。アメリカの仏教では、教えや教義ではなく、メディテーションや題目というプラクティス（行）を行い、体験を重視する。

もちろん、二六〇〇年近い歴史を持つ仏教には、教義や戒律という伝統宗教の要素が備わっており、仏教とアメリカで見られるスピリチュアリティとは同じものではない。しかし、個人の体験を重んじるという点では重なり、また、スピリチュアリティのキーワードとして挙げた連結性、一体性、平和、調和、および落ち着きなどは、特に実践や体験を語る際にアメリカの仏教徒が実に頻繁によく使う言葉ばかりである。スピリチュアリティの高まりがアメリカ仏教の伸長の要因の一つと見るのは自然である。

自らの目覚めを求めるアメリカ人

体験性に関していうなら、東南アジアの仏教と同じ東南アジア系教団である米国のインサイト・メディテーションでは、ある一つの対照をなしている。インサイト・メディテーションは出家者ではなく、在家者が、「この世」に焦点を合わせて修行をしていく立場である。

一方のタイなどの東南アジアでは、在家の信者たちが帰依して、自分たちは今生では悟りが得られないけれど、お坊さんたちに託してスピリチュアルな恩恵をもらうというような構造になっている。

私も若いときに、短い間ながらタイの寺に入って出家したことがあり、実際に見たが、在家か出家かといえば、出家者をより拝む。しかし、アメリカの人たちは違う。「われわれも目覚めたいんだ」と考えるので、僧侶はモデルではあるけれど、拝む対象とはならず、あくまで個人の体験に価値があるのである。

アメリカ人は「東に向く」

この個人の体験に比重を置くことはインサイト・メディテーションに限らない。ハーバード大学の著名なキリスト教神学者であるハーヴィー・コックス教授は、アメリカ人が東洋の宗教に惹かれる現象を研究し、一九七七年に『東に向く』(Turning East)という本にまとめ、ベストセラーとなった。教授は東洋の宗教に改宗した人々を「東洋転向者」(East Turners)と呼ぶ。彼らの転向の理由を六つにまとめている。

一、温かい人間関係、友情を求める。
二、概念や思想を通してではなく、直接的な体験を求める。
三、明確で確かな答えを特定の「師」に求める、権威の探究がある。
四、西洋の宗教の腐敗からの逃避。
五、西洋宗教の男性支配への反発。
六、食べ物と精神の相互関係を意識して、健康と環境への高い関心。

また別の著名な宗教社会学者ロバート・ベラー教授も、同様に東洋の宗教の業績を評価している。

〝東洋のスピリチュアリティは、キリスト教のような聖書を基にする宗教よりも、アメリカ社会で行き詰まった自己中心的個人主義に対してはより明確な答えを出したのである。その答えとは、外面的な業績に対しては内面的な経験、環境の破壊に対しては環境との共存、そして人間味のない組織に対しては熱情的な師（グル）との関係であった。〟[17]

自由近代主義と仏教の共通点

自由近代主義のアメリカ

アメリカ宗教の専門家であるマーチン・ヴェルホウヴェン教授によると、「アメリカ自由近代主義と仏教の類似性」というときの自由近代主義とは、自由主義と近代主義を合成した現代アメリカの思想の一つの流れのことを指すという。自由主義と近代主義は、アメリカでは一九世紀末期から二〇世紀初頭というほぼ同じ時期に興った思想である。そして、一、自由主義とは社会・経済的で、二、近代主義は宗教的な意味合いが強い。

自由主義とは、アメリカでは進歩、繁栄、統一、平和および幸福といった価値観を主張し、アメリカが世界の先頭に立って掲げる理想を実現することを主張した。それには、人間が進歩し、常に向上し理想を達成できるという強い信念が根底にある。そして、国際的な面も強調されるが、アメリカが中心となって指導し、社会的および経済的な面で発展することを目指す考えでもある。これがグローバリズムである。

もう一つの近代主義とは、伝統的キリスト教と近代科学を和解させようとする宗教的な運動の表れである。「宗教的近代主義」といったほうが妥当であるかもしれない。この考えでは、科学の影響によって人間の理性や能力が重視された。神に関しても、この世を遠く離れた存在ではなく、身近に働きかける神として捉えられた。言い換えれば、神の超越性よりも顕現性を強調したのである。

自由近代主義の四つの特徴

この自由近代主義は、「アメリカ的な仏教」を形成していく原動力となっている。

一、人間能力の可能性
二、人間の理性
三、顕現性（この世、今）
四、批判精神

この四つの特質はアメリカ化した仏教の特徴に反映されていると考えられる。以下にこの視点からアメリカ仏教を捉え直してみたい。

一、人間能力の可能性

これは特にエンゲージド・ブディズムのような形に表れている。社会問題は、神の仕業や運命としてあきらめるのではなく、人間の能力と努力で改善できるという信念に立ち、行動を起こす。それには、仏教によるメディテーションを含む修行という自己向上の努力が伴うのである。また、メディテーションへの魅力も人間能力の可能性を信頼するという自由近代主義に基づくものである。メディテーションという努力をすることによって人間の可能性が高められ、個人の生活も社会も改善していけると考えるのである。

二、人間の理性

これは多くの人々が「科学的な仏教」に惹かれたことに見られる。一九世紀末期、ポール・ケーラスは仏教を「科学の宗教」とまで見た。二〇世紀に入ってからは、次章に詳しく見るが、アインシュタインも仏教のことを、自然とは対立せず、自然を含む「広大無辺の宗教」の一つであると高く評価している。また、理性を重視する自由近代主義は、仏教を「心理学」として捉える傾向を生み、今日、心理学や心理療法は仏教導入の重要な窓口となって、特に一九六〇年代以降の仏教の伸びに大変大きく貢献している。

三、顕現性（この世・今）

顕現性は、社会参加、メディテーション、科学、心理学など、「この世・今」を重要な要素とするものを重視する流れの原動力ともなっている。この立場では、宗教の証しは、主に死後や他界に求めるのではなく、今生きているこの現世に体験し生かしていくことにあるのである。

四、批判精神

これは「個人化宗教」でも見られたように、伝統や組織を軽視したり、権威に対して疑念を抱いたりする傾向を生む。仏教こそ批判精神を最も強く伴う宗教であると評価されていて、批判精神を重視する人たちは、仏教に惹かれる傾向が強いからである。その代表例が「経典に書いてあるから、師が言ったからとそのまま信じるな」という『カーラーマ経』等に出る釈尊の有名な警告の言葉である。

チベット系仏教指導者のラマ・スリヤ・ダスは、アメリカ人としてアメリカ文化に合った仏教を提唱するにあたり、批判精神の必要性をこのように述べている。

〝〔自分のためになるよい〕師や団体や実践（プラクティス）を探すときには、識別力と常識の両方が必要である。その際、私はよく釈尊のこの言葉を採用している。

ただ誰かから聞いたからといって、それを信じるな。
何代も受け継がれたからといって、その伝統を信じるな。
たくさんの人の間で語られ、噂になっているからといって、それを信じるな。
ただ貴方が所属する宗教の聖典に書いているからといって、それを信じるな。
ただ貴方の先生や先輩の権威だからといって、それを信じるな。

しかし、観察と分析を行った上で、道理に合っていて、すべての者の利益になると

貴方がわかったならば、それを信じなさい。〟(18)

スティーブ・ジョブズに顕著な改宗者の考え方――

仏教に目を向ける人々は、仏教の本質を一般の宗教とは異なると見ている人が多いのである。彼らは、仏教を「信じる宗教」(religion of faith) ではなく、「目覚める宗教」(religion of awakening) と捉えている。

キリスト教から仏教へ改宗した人たちに尋ねると、キリストが蘇り天に戻られたという「復活」を信じることより、煩悩による誤った見方を是正して自らが「目覚める」ことを究極の目的にする仏教の教えのほうが、魅力的だと答える人が実に多い。キリスト教などには、立派な教義があるが、その教えを体験する方法が明確ではないのに対し、仏教は誰もが日々実践できる瞑想などを通して、実際に教えを体験できることに惹かれると話す。

どの宗教でも経典を信じ指導者を信頼することは大事である。仏教徒にもこれは必須ではあるが、仏教徒の最終日的は信じたあとの「目覚め」である。つまりブッダ（「目覚めた者」）になることこそが最重要である。既に見たように、多くの人々がこの「目覚める宗教」に魅了され、その数は増え続けている。ただ単に教えのみ信じ込む従来型の宗教形態が、欧米のような先進国では崩れ始めているといえる。

この傾向は、スティーブ・ジョブズの個人的な出来事を挙げることでも裏付けられる。それは、彼が一三歳のときであった。一九六八年七月号の雑誌『ライフ』の表紙には飢餓に苦しむ二人のアフリカの子供が掲載されていた。ジョブズはその表紙を通っていたキリスト教会の牧師に見せてこう尋ねた。「僕が自分の指を挙げると、神様は、挙げる前にそのことを知っているのですか？」

牧師は答えた。「はい、神様はすべて知っていらっしゃるのです」

ジョブズは、「では、神様はこのこと（飢餓に苦しむ子供たち）を知っていらっしゃるのですか？　そして彼らは今後どうなるのでしょうか？」と聞いた。

「スティーブ君よ、君には理解できないでしょうが、神はそのことも知っているのです」

その答えを聞いたジョブズは、そんな神はいらないと発言し、キリスト教会には二度と戻らなかった。そしてその後、彼が禅を学び実践に励んだことは、既に述べたとおりである。

ジョブズの考えでは、宗教が本来の力を発揮するには、伝達された教義を受け継ぐだけではなく、一人ひとりのスピリチュアルな体験を強調することが必要と見る。また、「信じることに基づきすぎているのだ。イエス様のように生きて、イエス様のように世界を見るのでなければ、キリスト教はその活力を失う」と語り、信じる宗教より目覚める宗教を称賛したのである。(19)

日本でも目覚める宗教は台頭している

このような目覚める体験を求める現象は、アジアの先進国であるこの日本でも始まっている。例えば最近では、スリランカ出身のテーラワーダ仏教のスマナサーラ長老のもとに多くの日本の若者が瞑想指導を求めて集まっている。彼らは従来型のただ願ったり信じたりする宗教では満足が得られず、この世での個人の「目覚め」に重きを置く仏教に惹かれるのである。日本のそれよりも上の世代は、オウム真理教事件の苦い経験があるため瞑想などには強い抵抗があるようであるが、事件の記憶がないか、それが薄い若い世代の間では、比較的その抵抗がなくなっているそうである。したがって今後もこの傾向は続くであろうし、「目覚める宗教」への興味と関心は高まっていくであろう。

アメリカ仏教の問題点

伝統軽視・伝統無視の傾向

ここまでアメリカに受け入れられ浸透していく仏教の姿を見てきたが、果たしてそれは手放しで歓迎すべき現象なのだろうか。今ここにいくつかの例を挙げて、少しく問題提起をしてみたい。アメリカ仏教の体験重視の価値観をそのまま体現している代表がインサイト・メディテーション系統の流れであるが、これらの団体の名称は、「インサイト・メディテーション・ソサイアティ」や「スピリットロック・メディテーション・センター」等であって、「仏教」（ブディズム）の言葉すら含まれていない。なぜだろうか。

それは、仏教の要素を排除するという動機よりも、テーラワーダ仏教というアジアの伝統に制限されず、幅広い入り口を提供しながらアメリカ独自の仏教を構築したいという期待が含まれていると言えよう。

インサイト・メディテーションは、テーラワーダ仏教との関係を拒否し、独立の路線をとる姿勢を打ち出している。まず、インサイト・メディテーションの所属を、テーラワーダという一つの宗派に限定することに反対であったことと、人生否定、来世志向および二元論的な要素を持つ東南アジアのテーラワーダと関係を持つことが大変難しいと考えたためである。そこには、マハーシ・サヤドウ師やアーチャン・チャー師という改革派への影響は認められるものの、それ以上に東南アジアのテーラワーダ全体とは、自分たちの目指すものが一致しないという考えがあるようである。これは伝統軽視の傾向と言っていいだろう。

この傾向は、他の宗派にも見られる。例えば禅では、トーニー・パッカー師は、ローチェスター禅センターのキャプロー師の一番弟子であったが、縁を切り独立し、スプリングワターという拠点を設立した。その際、自分のキャプロー師から受け継いだ特定の伝統も否定したが、伝統という考え自体も否定した。

〝真実そのものには、伝統は必要ではありません。それは過去や未来なしで、今ここにあるのです。……私は、それ（伝統）にはあまり興味がありません。望むのはこのスプリングワターが、自発的に予想のつかない形で繁栄することであって、伝統的な教えを伝える場所となることではありません。〟[20]

パッカー師の考えは、彼女が設立し「瞑想の探求とリトリートのスプリングワター・センター」（Springwater Center for Meditative Inquiry and Retreat）という一般的な名称にも見てとれる。ここにも、インサイト・メディテーションと同様に「仏教」が欠落していて、宗教という幅広い営みの中で「瞑想」が強調された団体名称となっているのである。

テーラワーダから独立宣言したインサイト・メディテーション——

アメリカの仏教の個人化傾向に対して、懸念の声も挙がっている。インサイト・メディテーションの教師であり、独立したセンターの住職でもあるギル・フロンゾールは、インサイト・メディテーションが二〇〇〇年以上続いたテーラワーダ仏教の伝統を軽視し過ぎていることを批判している。

あるとき三〇人余りの同僚の教師たちに尋ねたところ、その中のたった三人しか自分がテーラワーダ仏教に属する者と思っていなかったことに驚きを感じたという。その翌年に東海岸での別の教師の集まりでも同じような結果が出た。これをきっかけにその後、この課題に関する会議が開かれ、インサイト・メディテーションと東南アジアから伝来したテーラワーダとの関係をどう見るべきかが議論された。その結果、大半の参加者は、テーラワーダとの関係を拒否し、独立路線をとることを支持したのである。

フロンゾールは、このような考えこそが、インサイト・メディテーションを幅の狭いものとし、質を貧しくすると主張する。そしてインサイト・メディテーションは、テーラワーダ仏教の一部である修行法のみを選び取り、儀式や教義全体や世界観という他の部分を無視していると述べている。また、多くの教師たちは、この世の中での社会参加や自由を強調するが、その半面、仏教の本来の目標である悟りを軽視していると、批判はやまない。

瞑想の本質を外れていく懸念

フロンゾールは仏教の根本目標が揺さぶられることについて、非常に危機感を感じている。例えば、多くの人は日常の生活の問題に対してメディテーションがもたらす効果や心の安定という身近に生じる結果だけを求めており、「怒り」というような煩悩の消滅や統制に励むということはほとんどなく、心に浮かぶその怒りをただじっくりと見つめることにとどまっているだけだと指摘している。中には悟りという仏教の目標自体さえを再検討し始めている教師が出ているそうである。

フロンゾールのもう一つの批判対象は、団体や組織というコミュニティを軽視した極端な個人重視である。悟りとは個人が体験するものであるが、そのプロセスにはコミュニティという周りのサポートは欠かせないものである。コミュニティには、種々の儀式が常に行われていて、それは連帯感を養い、生活をする場所と我々を結び、そして誕生や死や季節という人生や一年の節目を表してくれるのである。

また、教団内での闘争や葛藤等を解決していく努力や、集団的に物事を決めるという作業も、修行者にとっては宗教的な成長を養ってくれる手段でもある。このような効果は、テーラワーダ出家教団を中心とするコミュニティでは有効である。しかし、ただ単に、男性中心でエリート意識が濃厚な出家制度が嫌いだという理由だけで、すべてのコミュニティを拒否してしまうようなことに大きな問題がある、とフロンゾールは警告するのである。

（17）Robert Bellah, "The New Consciousness and the Crisis in Modernity," in Charles Y. Glock and Robert N. Bellah, eds. *The New Religious Consciousness*, Berkeley: University of California Press, 1976, p.341.

（18）Lama Surya Das, *Awakening the Buddha Within*, Broadway Books, 1998, p.388.

（19）Walter Isaacson, *Steve Jobs*, Simon & Schuster, 2011, pp.14-15.

（20）Richard Seager, *Buddhism in America*, p.94. ここでの「伝統」は lineage（系統、教えが伝えられた系譜）の訳であるが、彼女は tradition（伝統）とほぼ同義で使っている。

第五章

現代社会の心の問題に応える仏教の心理学的アプローチ

心理学と仏教

心理療法に応用されるヴィパッサナー（マインドフルネス）――

アメリカにおいて仏教が引き受けている一つの大きな役割がある。心のケアである。心に悩みを持っている人が仏教に惹かれる場合が、非常に多い。彼らの多くは必ずしも、目覚めや悟りを求めているのではなく、家庭内暴力や、親の愛を感じられないなど、日常で疎外感をかかえている人々である。それに対応して、心理療法と同時に併せて用いられるのが仏教である。

アメリカでは今、仏教のメディテーションを心理的な治療に応用している。特にヴィパッサナー瞑想の「気づき＝マインドフルネス」を用いて、自分の問題や心の動きを見つめていくというやり方が注目を集めている。これはきわめてパーソナルな対応だといえる。また、トランスパーソナル心理学の発展などにも影響を与えている。

仏教は「心」を中心にしているため、心理療法に応用できる手法というよりも、仏教それ自体が心理療法であるといえる。

自己宣伝にもなるが、三年前に日本仏教心理学会が創立され、私自身も深く関わっている。私は日本でも、今後、心理学・心理療法には、仏教が重要な役割を果たすと思っている。(21)

仏教とは心理学

約一〇〇年前の二〇世紀初頭の出来事であった。ハーバード大学で心理学の講義をしていたウィリアム・ジェームズ教授（一八四二〜一九一〇）は、聴衆にスリランカからの有名な仏教者アナーガーリカ・ダルマパーラがいるのに気がついて、「どうぞ私と代わってください。貴方のほうが私よりも心理学について講義する資格があります」といって、ダルマパーラ師に講義を頼んだ。その講義が終わった段階で、アメリカ史上初の心理学の教授であったジェームズ教授は「これ（仏教）こそ二五年後に、皆が勉強することになる心理学です」と発言した。
一〇〇年経った今日、心理学と仏教は密接な関係にあり、アメリカが仏教を導入していく大きな窓口の一つとなっている。実際、南方仏教系のインサイト・メディテーションの教師の三分の一は、セラピスト等の心理療法の分野の専門家であり、この団体の主な指導者の一人であるジャック・コーンフィールドは、心理学の博士号を取得していて、次のように宣言し、心理学の役目を高く評価している。
〝西洋の多くの〔仏教という〕スピリチュアリティを求める学徒や先生たちは、スピリチュアルな生活を送るためには、心理療法を導入することが手助けになり、またはは必要である。いまだしていない人は、そうすることできっと良い効果が出ると思う。〟(22)
ここでいう「心理学」とは、心理学と心理療法を含む広い意味を持つ総称である。ここでは心理療法に重点を置いて見ていく。

自己実現のための宗教体験

実は、前述のジェームズ教授による「仏教は二五年後には、皆が勉強する心理学だ」という予言は実現しなかった。ジェームズ教授と仏教に共通する内省的なアプローチは、科学的客観性を重視する心理学界から歓迎されなかったからである。それに関連したもう一つの理由は、その後精神分析が心理療法の主流として登場し、その開祖であるジグムント・フロイト（一八五六〜一九三九）が宗教、特に東洋の宗教に否定的であったからである。

フロイトは、東洋宗教の神秘的体験を「幻想」や「大洋的感情」と見て、原始的な、欲動的な興奮や態度に他ならないと考えた。言い換えれば、赤ん坊のように、自己と他者の区別がついていない、一次的なナルシシズムへの退行としか理解しなかった。このような状況の中で、二〇世紀前半には仏教に関する心理学の動きはほとんど見られなかった。

ただ、フロイトから離れていった弟子たちの中からは、カール・ユング（一八七五〜一九六一）、カレン・ホーナイ、およびエーリッヒ・フロムなどが、仏教を含む東洋の宗教に興味を持った。その結果、第二次世界大戦後の仏教と心理学の関係の盛り上がりに貢献したのである。

ユングは、宗教的要素を積極的に取り入れ、鈴木大拙や久松真一とも深い関係を持ち、仏教に関してもいろいろな発言をしている。例えば、個性化が最も充実したレベルの象徴的表現はマンダラ（曼荼羅）であり、ノイローゼ患者がよくなってくると、丸や四角をさかんに書くようになるという意見を述べた。また、「東洋的瞑想の心理」で浄土教の経典である『観無量寿経』の十六観を説き、これが本当にわかったならノイローゼも治ると主張した。

最近日本でもよく耳にする「自己実現」(self-realization) という言葉を提唱した一人であるホーナイは、特に鈴木大拙と禅思想の影響を受けたことが知られている。またフロムは、一九五七年、メキシコ市の国立大学精神分析研究所主催の「禅仏教と精神分析」のシンポジウムに参加し、その成果を基に『禅仏教と精神分析』(Zen

Buddhism and psychoanalysis）という、当時としては非常に画期的な本を鈴木大拙らと著した。フロムが坐禅を行っていたことからもわかるように、充実した人生のために宗教体験の重要性を認めていたことが窺われる。

心理学と仏教の展開

トランスパーソナル心理学の誕生――

ユング、ホーナイ、そしてフロムによる成果は、フロイトの精神分析療法とは異なった心理療法を生む土台の一つとなった。精神分析療法は、人間の欠点や病気（ヒステリー、ノイローゼ等）や罪について多くのことを明らかにしたが、人間の潜在能力、美徳、達成可能な望みなどについては関心を示さなかった。それらへアプローチするには、高度で健全な人格も対象とする必要があると考えた新しい心理療法は、人間性・実存心理学およびヒューマン・ポテンシャル・ムーヴメントとして、六〇～七〇年代に伸び、心理学界の主流を占めていた精神分析および行動主義心理学と肩を並べる第三勢力となった。この第三勢力の流れの発展には、エイブラハム・マズロー（一九〇八～一九七〇）やカール・ロジャース（一九〇二～一九八七）が重要な貢献をしている。

この人間性・実存心理学は、六〇年代の人種人権運動やベトナム反戦運動とも交流し、カウンター・カルチャー的要素を伴い、社会制度や価値規範に対する問い直しを促した。「真の自己」や「理想社会」を求め、そこに「個人の悟り」や「社会平和」を掲げる仏教と通ずる一面があったといえよう。なかでも仏教と強い関係があったのは、トランスパーソナルであろう。

トランスパーソナルの「トランス」（trans）とは「超越」、「パーソナル」（personal）とは「自己・自我」という意味である。従って、トランスパーソナル（transpersonal）とは、「自己超越」という意味であり、それは、一、プレ・パーソナル（未自我）、二、パーソナル、三、トランス・パーソナルという人間成長のフル・サイクル中の第三段階を指す。そして、トランスパーソナルの段階では、個人性を超えた他者・共同体・人類・生態系・地球・宇宙との一体感が確立するので、宗教的体験や世界観が十分含まれている。仏教を含む東洋の宗教や古代の神秘主義が重んじられる点で、従来の科学的方法を採る精神分析と行動主義心理学と明らかに異なるのである。しかし、科学や理性を排除せず、それらを特にパーソナルの段階で認めている。

トランスパーソナルは二つの局面を含む。一つは、近代的個人の正当な面（科学・理性・批判性）であり、二つめは、古代の英知（宗教・霊性）である。トランスパーソナル心理学は、正当な自我は認めるものの、自我の確立で終わるのではなく、自己超越を目的にし、またそれは生まれつき可能であり、その成長は適切な幅広い種々の方法で促進できると主張する。

ケン・ウィルバーと仏教

トランスパーソナル心理学を代表する人の中で、仏教との関わりが非常に強いのは、ケン・ウィルバー（一九四九〜）であろう。彼は、青年時代には宗教の類には一切興味がなく、自然科学が好きで大学では生物科学の専攻を目指した。しかし、入学間もなく偶然中国の古典「老子」を手に取り、その冒頭に出る、「道の道とすべきは常の道にあらず……」の文章に予想もしなかった衝撃を受ける。そのとき、まったく新しい異なった世界にさらされているかのように、世界観が根本的に転変し始めたのである。そして彼は、その後二、三か月間、道教と仏教の入門書を読むことに没頭したそうである。

このような体験から始まった探求の成果として、ウィルバーは数々の本を出版し、特に第三段階のトランスパーソナルの意識について詳細な説明を行った。この自己超越段階を、ケンタウロス、微細、元因、アートマンという四つの宗教・神秘体験のレベルに分けた。その最高のレベルであるアートマンは、悟りの領域を指す。それも、形のない純粋な目覚めにとどまっておらず、その形のないものがそのまま形のあるこの世界と一つであるという悟りである。『般若心経』の「色即是空、空即是色」という境地である。

ウィルバーに代表されるトランスパーソナル心理学は仏教を高く評価しており、仏教の悟りの境地を、自己超越段階の四種の宗教・神秘体験のうち最高位に位置付けている。トランスパーソナル心理学が結果的にアメリカへの仏教導入の入り口としての役割を果たしているといえる。また、ウィルバーが仏教に個人的に興味を持ち、メディテーションも行っていることも、多くのアメリカ人に仏教と心理学がより密接な関係にあるというイメージを強化してきたといえよう。

精神医学の体系に組み込まれるメディテーション

仏教と心理学の密接なイメージを一段と高めた代表的人物は、トランスパーソナル心理学者以外にも存在する。精神医師であるマーク・エプスタイン（一九五三〜）の著書『Thought without a Thinker Psychotherapy from a Buddhist Perspective（思う人なき思い――仏教的観点からの心理療法）』は、一九九五年の出版以来大きな反響を呼び、専門家の間でも高く評価されている。長年仏教徒であり精神医師でもある人物が、どのように仏教、特にテーラワーダ系のメディテーションを、精神分析セラピストとして取り入れているかというところにこの本の興味深い点があり、心理学・心理療法における仏教の役割の拡大に貢献している。

エプスタインは、人々は仏教に惹かれるが、仏教の正しい理解や日常生活への応用がよくできていないと感じている。そして、まだ、仏教はエキゾチックなイメージに包まれている点があり、仏教が中国に最初に紹介されたときと似ていると考えている。仏教は、道教によって中国化され、禅が誕生した。今日のアメリカでは、精神分析療法の言葉や考えが普及しており、これによって仏教の英知がアメリカ人に伝えられるとエプスタインは期待を膨らませる。

エプスタインによると、フロイトが仏教を含む東洋神秘主義を「幻想」や「大洋的感情」にすぎないと批判したのは、フロイトが仏教メディテーションに特有の観察的・分析的な面を知らなかったからであると指摘する。仏教メディテーションは、心理からの神秘主義的逃避ではなく、心理のすべての面を観察の対象とする。世間否定ではなく、日常の心の観察であり、これこそ、心理学的であると、エプスタインは主張する。彼の言う仏教メディテーションとは、主に彼自身が長年行ってきたテーラワーダ系の瞑想法のことである。

東洋人のメンタリティに適った仏教のメディテーション――

エプスタインは、この数十年、精神分析療法もその範囲や深さも進展してきたと見ている。心の問題の原因も以前のように性や攻撃欲求にとどまらず、「自己」の探求にまで着目されるようになってきた。「自己」を知らないということから不安に陥ることが徐々にわかってきたからである。

この「不安」とは、別な言葉では「ナルシシズム的ジレンマ」といい、人は虚無感や虚偽感に陥り、他人や自分を常に理想化するか、または批判するという心理的問題を起こすことになる。そしてエプスタインは、精神分析療法は、精神苦悩の問題を突き詰めたのはよいが、その簡明な解決法がまだ見つかっておらず、仏教はその解決法を既に持っていると分析する。自己の本性を見つめ自己が作成する苦悩を終わらせることを目的とする仏教は、とっくにこの問題意識とその解決法を持っていた。西洋の心理療法は、最近になって自己の問題に取りかかり始めたのであるが、仏教のような全体的見地を有さない。そこで、精神分析者の多くは、一〇〇年前にジェームズ教授が予言したように、ようやく仏教に目を向けるようになってきたのである。

エプスタインの著書は、現代の精神分析者の関心に応えようとするものであり、「仏陀の心理学の心」、「メディテーション」および「セラピー」という三つの部門から構成されている。ここでは、第三部の「セラピー」で説かれる仏教のメディテーションと心理療法の協力関係を要約しよう。

まずエプスタインは、アメリカで仏教を求める人々の中には、疎外感を強く感じている人が多いと指摘する。この西洋人特有の疎外感とは、取り残され、疎遠にされ、孤立していて、空しく感じ、また、手が届かず、少し怖く感じるような愛情に憧れ、求める気持ちであると、エプスタインは説明する。別の言い方をすれば、彼らは自分のことをよく思っておらず、「自己尊重」度が低い、また、自分が愛される価値がないと思い込んでいる。エプスタインによると、この原因は、個性と独立の強調、親族の支援や時には核家族関係の崩壊、子供のやることに常に満足できない親、および、愛情より努力や成功を優先し過ぎるところにある。

西洋人と対照的に、エプスタインは、東洋人には束縛感が強いと見ている。家族、カースト、そして他のグループの上下関係や期待に縛られている面がある。その中で、宗教の道は、西洋人と同じように自己の探求であるが、社会が容認する「プライバシーを求める場」でもある。そして東洋人には、他人への同情的意識、自我と他者の境界の弾力性、情的感受性、そして所属感という文化的要素を自然に備えている。従って、仏教のメディテーションは、このような東洋人の心的要素を前提として成立していると、エプスタインは指摘する。

セラピーの必要性

そこで、アメリカ人がメディテーションを行うには、限界があるのだとエプスタインはいう。メディテーションは、よく心的障害の原因となる過去の問題を思い出させて浮き彫りにするが、アジアで育った東洋人のメディテーション指導者は、それに対処できない。彼らは、そういう訓練も受けていなければ、西洋人特有の疎外感のような問題を個人的にほとんどが体験していないからである。

エプスタインは、メディテーション経験の有無にかかわらず、心的障害を持つ人にはセラピーが必要であるとする。精神分析療法セラピーができることは、例えば、幼児期での不足点、あるいは、性や攻撃欲求を自覚し、それを減少することである。しかし、それだけでは、ある程度までの解決は成り立つが、人間のナルシシズムの欲求からの解放は実現しない。フロイトは晩年期に、この精神分析療法の限界に気づいていたようである。しかし、仏教は明らかに、これ以上の期待を持たせてくれる。

そこでエプスタインは前出の著書の「セラピー」をテーマとしたパートで、フロイトが説いた「思い出す、繰り返す、成し遂げる」という枠組みを導入し、その中で、仏教のメディテーションがどのように心理療法を手助けできるかを説明する。

最初の「思い出す」について、フロイトは三つの方法で過去の問題を思い出させた。その三つとは、一、精神浄化（直接患者に思い出してもらう）、二、自由連想（夢のように直接ではなく思い出してもらう）、三、目の前（治療中起こっていることに焦点を当てる）である。

この中の第三の「目の前」方法としてメディテーションを採用することで、よい効果が得られるとエプスタインは主張する。

次の「繰り返す」でフロイトは、患者が繰り返すということは、問題点を演じているだけで意識していない場合が多いということに気がついた。例えば、ある女性患者は子供のとき父親から厳しく批判されたので、大人になっても充実した人間関係が築けない。しかし、彼女自身も他人に対して非常に批判的になっている。しかし、彼女は、自分が批判的な人間になっていることを「演じているだけで」意識していないのである。そこでエプスタインは、このことを言葉で説明や解釈をするだけでなく、メディテーションをすることによってその患者に自分が繰り返し起こす行動を意識し、今起こっている自分の感情を拒否せず体験してもらうことにした。

最後の「成し遂げる」とは、過去からの怒りや恐怖などという悩まされる感情をなくすのではなく、自分のその感情に対する意識を変えることである。エプスタインは、この「意識を変える」ということを、「悩まされる感情をはっきりと意識してもらうこと」と理解する。そのために、仏教のメディテーションを採用する。

その際、悩まされる感情を抽象的、客観的に捉えるのではなく、「自分が感じている、自分のもの」という自分が体験している自分の問題として主観的に意識を持ってもらう。そうすることによって、悩まされる感情もより明らかになり、見えやすくなるのである。

現在の心理療法では、悩まされる感情が見えやすくなっても、消し去ることはできない。この点は、フロイトも認めていたことである。しかし、仏教は心理療法ではできないことを成し得る。エプスタインによると、仏教が主張する無実体性（無我）という視点を持って「我」を見つめることで、固執する「我」が絶対的でないことに目覚めることができるというのである。

換言すると、悩まされる感情の基となる「我」が相対化されると感情も相対化されてくるのである。

「我」には実体がないという智慧が深まれば、以前のように嫌な感情に悩まされなくなる。エプスタインは、仏教も完全に感情を消し去ることはできなくても、心理療法よりも有効に軽減することができ、これこそ仏教が心理療法に貢献できる重要な点であると主張する。

「目覚め」と「実現」の融合

峻別される仏教と心理学

次に、セラピストとして高い業績をあげているジョン・ウェルウッドの考え方を中心としながら、仏教と心理学の関係の新たな側面を見ていくことにしよう。ちなみに、ウェルウッドも仏教徒であり、三〇年以上チベット仏教の道に励んできた。

ウェルウッドは、仏教はスピリチュアル、そして心理学は心理を領域とするので互いが目的を異にすると見ている。この「スピリチュアル」とは、無限で、普遍的で、そして絶対的真実を領域とするのに対し、「心理」とは有限で、個人的で、そして相対的真実を対象としている。ただ、このように二者は異なっているものの仏教を求める人々、特に現代アメリカ人には、両方が必要であると彼は見ている。

ウェルウッドによれば、スピリチュアルの道には「目覚め」と「実現」の二つの側面があり、「目覚め」は相対的な領域から絶対的な領域への突入であるが、「実現」とは逆に絶対的な領域から相対的な領域に戻ることとである。例えば、リトリートなどである程度の「目覚め」を体得し、すべての問題が解決したかのように思えるが、実際家族や仕事という日常生活に戻ると、以前の好き嫌いや偏見という自分の欠点は一向に変わっていないということに気づき、落胆することは多くの人が経験する。

しかし、このような「悩み」は伝統的なアジアの仏教においてはほとんど見られなかった問題だと、ウェルウッドは主張する。なぜなら現代化以前のアジア諸国の社会では出家修行者たちが社会的責務を逃れても人々は彼らのことを尊敬し、支援する環境が整っていたからである。対照的に、アメリカで仏教を求める人たちは、ほぼ全員が家族を持ち社会で仕事を持つ「在家者」である。また仏教徒がいまだに少ないため、日常の托鉢というような習慣をサポートする社会的基盤も弱いのである。この上に、仏教かキリスト教かにかかわらず、アメリカ社会において宗教・スピリチュアリティ全体に関してその本質が弱まってきていると、ウェルウッドは見ている。

自己正当化の口実に利用される仏教

このように社会的基盤がスピリチュアルな面を受け入れて支えることが比較的困難になってきたからこそ心理学の重要な役目があると、ウェルウッドは主張する。その役目とは、上記のスピリチュアルの「目覚め」に対する「実現」の側面を促してくれることである。

具体的には、セラピストとクライアントという心理療法の形態を通して、クライアントが個人的な心的状況を仏教の普遍的な教えに照らしながら、個人のレベルで理解し受け入れていくのである。また、必ずしもセラピスト―クライアントという関係の中でなくても、心理学の知識は、一個人が相対的な日常の生活の中に普遍的な仏教の教えを具現化することの手助けになる。

ウェルウッドもエプスタインのように、アメリカ社会に心的障害が非常に多いと感じており、彼らが仏教を求めるには心理療法が一段と重要になってくることを指摘している。

中でも幼い頃に親との密接な関係を持つことを意味する「支えられる環境」に欠けている大人がかなりいると指摘する。環境的に、親が幼い子を常に抱いたり親と一緒に寝たりするボンディングが強いアジアの文化とは対照的なのである。また、分裂した家庭で真実性に欠けるテレビ番組にとらわれて育ったアメリカ人もかなり多い。このように、「支えられる環境」が弱まった社会に育った人々は、現代社会病といわれる貧弱な自己に悩ませられる。それは、自己嫌悪、不安および自己懐疑という心的障害として表れるのである。

実は、アメリカで仏教を求めてくる人々の中には、このように悩む人が非常に多く、平均的にリトリートに参加する人の半分を占めるといわれている。ウェルウッドによると、彼らはしばしば自分の心的障害を避け、仏教の教えや修行を利用して自分を正当化しようとするという。

ウェルウッドは、これを「スピリチュアル・バイパシング」（宗教を理由に自己の問題を避けること）と呼んでいる。例えば、自己嫌悪や不安の障害に悩む人が、人間関係が怖いがために人から離れ、孤立するのを、彼らは自分の行動を「無執着」や「放棄」という仏教の教えを利用して正当化するのである。しかし、彼らが本当に求めているのは、人との深い触れ合いであり、そのニーズが満たされなければ、いくら修行を行ってもスピリチュアルな効果はない。まず、彼らの心的障害に目を向けなくてはならない。

「スピリチュアル・バイパシング」現象は、他にもいろいろな形で表れる。例えば、自信がなくて、他人を喜ばせることによって安心や自己評価を得ている人たちは、往々にして「無我」の真意を誤解し、「我を忘れ」無我夢中になり、異常なほど献身的に社会や師のために尽くすのである。

補完しあう仏教と心理学

ウェルウッドが理想とする心理学・心理療法と仏教の関係を要約すると、二種類の関係が成立すると考えられる。まず一つ目は、心的障害を持つ人たちに対する処置法としての心理学である。これは、仏教に取り組む前段階、または平行して行われる。ここで注意を要するのは、心理学の重要性とは、重い心的障害者だけに限らないということである。「普通」の人にでも「スピリチュアル・バイパシング」という現象は、多かれ少なかれ、起こるからである。

二つ目は、仏教における「目覚め」(幅広い意味での)を日常生活の中で実現するための心理学の導入である。伝統仏教の教義はほとんどの場合、普遍的なレベルにとどまっていて、個人的な現実生活のレベルでの考察はほとんどなされていなかったといえよう。個人の体験が語られても、それは常に絶対的真実を基準としていた。しかし現代では、日常世界という相対的レベルでの仏教の証しの「実現」が求められている。それは、特に宗教に対して大きな期待を持つアメリカ社会では、避けられない課題である。だからこそ、心理学との関係が重視されるのである。

---

(21) 興味のある方は、ぜひ日本仏教心理学会のホームページ（https://www.bukkyoshinri.org/）をご覧いただきたい。
(22) Jack Kornfield, *The Path with Heart*, *Shambhala*, 1993, p.244.

第六章

アメリカで進む科学と仏教の対話

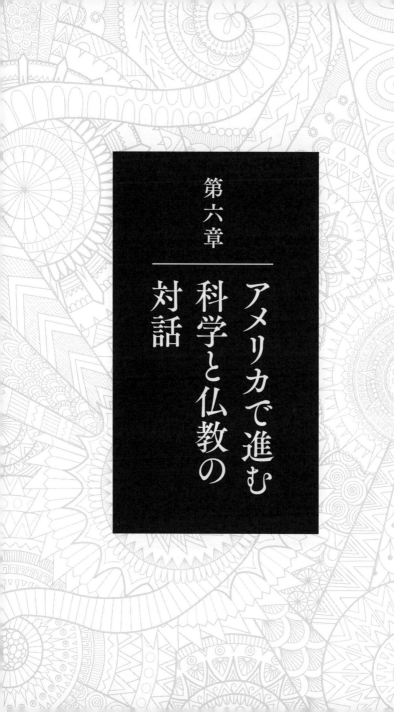

科学と仏教

進化論と宗教の齟齬

宗教と科学の関係は、対立し相容れないと、アメリカでも日本でも考えられてきた。特にアメリカでは、一九世紀半ばのダーウィンの進化論の登場以降、科学の進化論とキリスト教の創造論の矛盾が浮き彫りになり、科学の側からのキリスト教批判が高まった。先に述べたポール・ケーラスのように、この矛盾によってキリスト教に失望した人たちは、別の宗教や思想を求めたのである。

一八九三年の万国宗教大会に参加し、アジアからの仏教代表者の講演を聞き、仏教に「科学の宗教」を見て熱烈な仏教の支持者となったケーラスは釈尊について、次のように語っている。

〝彼は、歴史上最初の実証主義者で、最初の人道博愛主義者で、最初の急進的な自由思想家で、最初の偶像破壊者で、そして最初の「科学の宗教」の提唱者であった。〟[23]

ケーラスにとって、釈尊はあたかも人類の最初の科学者であった。これに基づくかのように、仏教に対する批判を下記のように弁護した。

〝釈尊は、法則の非破壊性を説いたが、この点は釈尊の他の教えと同じように、現代科学の理論と全く一致するのである。〟[24]

仏教の法則とは、カルマ（業）のことを指し、それが自然の法則と同じであるとし、宇宙の天体から地球の自然界の現象に関わっていると解釈したのである。当時でも、カルマが自然の法則やダーウィンの進化論と同じことを指すのかという疑問や批判はあったが、ケーラスのような仏教支持者たちは、肯定的に理解したのである。そしてこうも言っている。

〝仏教と科学の理論の間には、たくさんの合意できる点がある。……これは、驚くことではない。それは仏教という宗教は、科学によって証明される真実以外の啓示（方法）を認めないからである。〟[25]

アインシュタインの見解

仏教と科学との関連で注目するべき点は、仏教こそが自然と精神が別ではなく有意義な一体であるという宗教観を持っているということである。従って、アインシュタインもケーラスのように、科学と仏教は矛盾しないという考えを提唱したといえよう。

二〇世紀の科学を代表するアルベルト・アインシュタイン（一八七九〜一九五五）は、仏教を高く評価している。

〝未来の宗教は、広大無辺の宗教となる。それは、人格的神を超越し、硬直した教義や神学を避けなければならない。自然と精神の両領域を含み、自然と精神のすべてが、有意義な一体として体験される宗教的感覚に基づかなければならない。……仏教こそこれらの要素を持っている。もし近代科学に対応できる宗教があるとすれば、それは仏教である。[26]〟

三つの宗教観

アインシュタインがここで言う「広大無辺の宗教」（cosmic religion）とは、「畏れの宗教」（religion of fear）、「道徳の宗教」（moral religion）および「広大無辺の宗教」という三種類の宗教観に基づくものである。

未開の社会では、餓死、猛獣、病気、死等への畏れに対して「畏れの宗教」が誕生した。次に、社会が発展するにつれ人々は教訓や愛というものを求め、それに応える人格的な神を設定し、その神によって人々は報われたり、罰せられたり、守られたりするのである。これが「道徳の宗教」である。「広大無辺の宗教」は、人格神などを否定するので、優れた素質を持つ個人やコミュニティによってしか理解されない。彼らは、人間の欲望の無意味さを知っており、逆に自然界や人間の思想の素晴らしさを求める。そして宇宙を統一したものとして捉えようとする。この点は、ここでは自然と精神が有意義な一体という関係にあると表現されている。

広大無辺の宗教の希求

「広大無辺の宗教」を求めた人々は、古代ギリシャの哲学者デモクリトス、アッシジの聖フランシス、または、オランダの哲学者スピノザなどのように西洋では異端者や無神論者として時には批判された。また、この種の宗教観は、「旧約聖書」中の「詩篇（ダビデの聖詩）」や預言者の幾人にも窺える。従って、アインシュタインは、仏教のみが「広大無辺の宗教」であるとは考えてはいなかったが、特にドイツの哲学者アルトゥール・ショーペンハウエル（一七八八〜一八六〇年）の書物が伝えた仏教にはこの種の宗教観が旺盛であると見ていた。

『タオ自然学』の影響

フリッチョフ・カプラ（一九三九〜）による『タオ自然学——現代物理学の先端から「東洋の世紀」がはじまる』は、一九七五年に出版され、数十か国語に翻訳され一〇〇万部以上売れている。カプラは物理学を専門とし、パリ大学、スタンフォード大学、カリフォルニア大学などでの研究と教育の経歴を持っている。現在は、エコロジーやシステム論的発想を初等・中等教育の段階で普及させることを目的とするカリフォルニア州バークレー市のセンター・フォー・エコリテラシーの所長を務めている。

この本は、副題が示すように、現代物理学と東洋神秘主義の類似点の探求を目的にしている。「東洋神秘主義」とは、仏教のみでなく、ヒンドゥー教と道教を含む。著者カプラが主張する基本的な点は、現代物理学が東洋神秘主義の聖者たちが体験した世界観と非常に似た世界観に到達してきたということである。

一九世紀末以来、前述のケーラスやアインシュタインによって提唱されてきた仏教と科学の類似性に賛同する見解と同様といえるが、本書は数百万人という賛同者を得た。それは、一九七〇年代の半ば、仏教や他の東洋の宗教のアメリカ社会への浸透と無縁ではない。また行き過ぎた物質社会が生んだ環境問題や核兵器への問題の解決策として、科学と宗教の調和を提唱するこの本に何らかの期待が寄せられたともいえよう。

タオ自然学が提示する仏教と科学の類似点

物理学と仏教の類似性を、カプラがこの本でどう捉えたかを、三つの代表的な点に絞って見ていくことにしよう。まず取り上げられるのは、万物の合一性である。古いニュートン力学では、宇宙は基礎的な積み木によって構成されていると考えられたが、新しい量子理論が明らかにしたのは、宇宙は完全に独立した最小限の単位によって成り立っているのではなく、宇宙自体が相互連結性のものであるということである。カプラは、この相互連結性が、大乗仏教の『華厳経』が説く万物や出来事がお互いに無限に関わり合っている世界観と似ていると指摘している。

次に、カプラは実験に関する対象と観測者の相互関係について述べる。ドイツの物理学者ヴェルナー・ハイゼンベルク（一九〇一～一九七六）が示したように、素粒子に関しては、観測者は必然的に実験の対象に関わり、その結果にまで作用する。実験には、純粋な客観性というものはなく、実験者は、「観測者」ではなく「関与者」

と呼ぶべきであると、カプラは提案する。カプラは、東洋の神秘主義者の中では、このような関係は当然であると指摘する。神秘主義者が体験する智慧は、関与者抜きでは当然成り立たず、その内容には主観と客観の区別もなくなるのである。

三つ目の類似点は、虚空と形象の関係である。古いニュートン力学では、何もない受動的な虚空の中で独立した形象が存在すると考えられていた。しかし、新しいフィールド理論（場の量子論？）では、「虚空」は何もないのではなく、能動的に無量の形象を限りなく生産し、破壊していることが判明したのである。また、無量の形象の一つひとつは独立したものではなく、虚空に基づいて現れる無常な現象である。カプラはこの関係を『般若心経』などで主張する「色即是空、空即是色」と類似し、「虚空」が「空」、そして「形象」が「色」に匹敵すると指摘している。

この本に対する批判的な意見も少なくない。最も多い批判は、物理学と東洋神秘主義の本質まで深まらず、両者の比較が皮相的なレベルでしか行われていないということである。しかし、このような批判にもかかわらず、この本が幅広い層に、仏教などの東洋の宗教が「科学的」であるという印象を強めたことに大きく貢献したといえる。カプラはその後も、同じような見解に基づく数々の本を出版している。

科学者仏教徒——アラン・ウォレス——

B・アラン・ウォレス（一九五〇〜）は、仏教徒であり科学者として数々の仏教と科学の関係についての本を出版し、大学での講義や一般講演を行っている。今まで見てきたケーラス、アインシュタイン、カプラと異なり、ウォレスは、自称チベット仏教徒である。

ウォレスは、仏教と科学の違いをこう見ている。

科学者は主観的経験を自然界からほとんど排除し、原因の効果を物質的な現象にしか認めない。対照的に仏教は、主観的な心的現象を少なくとも客観的な物質的現象と同じように真剣に扱い、その二つ（心的現象と物質的現象）の間に幅広い相互的因果関係を提唱する。

仏教が主観的な心的な面を客観的な現象と同じように扱う点に、科学との違いの根拠があると見ている。

ウォレスが主張する違いに対して、仏教と科学の共通点も世間では語られる。まず、真理の検証について、よく科学の発見は誰にでも実証されるが、宗教の目覚めは限られた人々にしか体験できないといわれる。しかし、ウォレスはその意見に反対である。それは、科学の発見は普段その分野の専門家によってのみしか検証されず、他の多くの専門外の科学者や一般人はその専門家たちの意見に頼るしかないからである。つまり、仏教修行者による禅定中の発見とそれほどの違いはない。その真理は修行者らの体験によるものであり、体験者の発言に頼らざるを得ないのである。従って、ウォレスは両分野の真実とされるものは、同じように素人には検証できないものとなっていると指摘する。

また、ウォレスは、仏教は科学と同様に感覚と心的経験の理解に努め、宇宙のさまざまな現象に関するその内容と機能も追究するものであると論じる。その上で、仏教が人生の目的、意味および価値観といった宗教的な要素も持っていることも認めるが、だからといって、仏教が「宗教」であるとか「科学」であると断定するのは不十分である。従来の「宗教」という固定概念から離れて仏教を見ることを促し、それによってまた「科学」とその根底にある原理との関係すら問い直すことが必要となると主張する。

ウォレスはこのように、仏教は科学と対等なレベルにあると考える。しかし、科学が明らかに仏教の世界観と矛盾した場合、仏教はその考えを放棄するべきであるという立場をとる。これはダライ・ラマがよく主張する意見でもある。それは、無明《むみょう》と迷いによる苦悩から解脱するためには、科学と同様に現実を「自我の執着を超えてありのまま」に捉えなくてはならないからである。そしてウォレスは、仏教に関する研究が、科学と同じような経験的、分析的な方法を採用すべきだと捉え、今後の仏教と科学の対話の必要性を訴えるのである。

ダライ・ラマが先導する仏教と科学の対話

アラン・ウォレスも会員の一人となっている組織に、マインド・アンド・ライフ研究所がある。本部はコロラド州ボルダー市にあり、一九八七年の設立以来、種々の研究プロジェクトを進めてきた。二、三年おきにダライ・ラマを中心として科学者と仏教者の会議がインドやアメリカで行われており、会議は、「新しい物理学と宇宙学」や「睡眠、夢と死」といった課題を最先端の視点より追究し、その成果も本などの形で公開している。

この研究所は仏教と現代科学の協力をもって心と実存の本質を理解することをヴィジョンとして掲げ、心に関しては、認識科学の視点や方法で実験を進め、その結果を医学、神経科学、心理学、および教育学の分野に提供し、また、実存の本質に関しては、物理や哲学の分野で起こっている認識論の革命的な発展に貢献することを目指しているのである。

そして、仏教と科学の対話だけに終わるのではなく、二つの伝統を統合して新しいものを生み出すことを目指している。例えば、瞑想の科学的研究は既に四〇年ほど前から行われてきているが、この研究所では、「神経柔軟性」ともいえる新しい分野を開拓している。神経柔軟性とは、脳が新しい神経細胞や接続を生産し、その結果、人間の感情、行動および知覚が変容することを指す。この分野は、今までの脳の構造と作用に関する知識をくつがえすほど進んで、最新の神経科学の分野で注目を浴びている。

神経科学とメディテーション

この分野では、研究所の会員でもあるウィスコンシン大学教授のリチャード・デイビッドソンが優れた成果をあげている。以前には、憂鬱、不安、および恐怖といったネガティブな感情に注目していたが、最近は、以前よりも数十倍高性能の機械を揃え、神経柔軟性の視点より、情熱、歓喜、機敏性というポジティブな感情を育てる研究を行ってきた。その結果、卓越した修行僧がメディテーションを行うことによってポジティブな感情と関係する脳の部分が非常に活発になったことが報告されている。デイビッドソンは、これはいまだに決定的な結論ではないと注意深い姿勢をとりながらも、今後の可能性に大きな期待を抱いている。

デイビッドソンは、このような成果を基に、メディテーションの初心者数十人を対象として調査を行った。四五分のメディテーションを毎日八週間行った結果、彼らの不安のレベルが低下し、免疫のレベルが上昇し、修行僧ほどのレベルではなくてもポジティブな感情に関する脳の部分も活発になったことが報告されている。このような成果に励まされて、研究所は、学校の先生などストレスの高い職業に就いている人たちを対象に、メディテーションをもって破壊的な感情を低下させるプログラムを作成中である。

このように、仏教と科学の協力の研究成果を基にして一般社会の向上に貢献することこそが、マインド・アンド・ライフ研究所が掲げるヴィジョンなのである。

ダライ・ラマとアメリカ神経科学学会

以上のように、アメリカでは仏教が科学の視点からも魅力的な宗教であるということが明らかになったと思われる。最後に、それを象徴する出来事を述べることにしよう。

神経科学学会の二〇〇五年の定例学会は、首都ワシントンのコンベンション・センターで開かれた。その大会に、ダライ・ラマが基調講演者として招待された。宗教者が科学系学会に基調講演者として招待されるのは異例であり、会員の中からも反対意見が沸騰し、署名運動も起こった。学会内の論争を巻き起こし、一時はダライ・ラマの招待も取り消す可能性も出たのである。

しかし、結局招待は実施され、ダライ・ラマの人気ぶりが証明された。当日講演の二時間ほど前には数千人が座席を争うように列を作り、最終的には、一万四〇〇〇人が基調講演を聞きに来た。講演の内容は、ダライ・ラマが一年前出版した『ダライ・ラマ　科学への旅』という科学と仏教に関する本が中心となった。

来聴者の中にはダライ・ラマの知名度に惹かれた者もいたであろうが、多くは宗教と科学の関係という重要な課題に関心を持っていたといえる。宗教が重視されるアメリカでは、科学者でも科学と宗教との接点に強い関心を抱く人が多い。科学者らが争ってダライ・ラマの講演を聞きに来たことは、仏教への関心が示されているといえる。

多くの科学者を惹きつけたダライ・ラマの仏教と科学の融合性という見解は、

一九八九年のノーベル賞受賞の際に述べていることにも見られる。

〝〔宗教と科学の〕二つは、矛盾していない。お互いに貴重な見識を提供し合っている。科学と釈尊の教えは両方とも、すべてがつながっているということを教えてくれるのである。この見解は、我々がグローバル規模の環境問題に対してポジティブで明確な行動をとるためには欠かせないのである。〟[27]

(23) Paul Carus, *Buddhism and Its Christian Critics*, Open Court Publishing, 1897, p. 309

(24) Sōen Shaku, *Zen for Americans*, trans. Daisetzu Suzuki, Open Court, 1906, p.122. According to Martin Verhoeven, Sōen was credited with this but was actually written by Carus.

(25) Carus, *Buddhism and Its Christian Critics*, p.114.

(26) Thinley Norbu, *Across the Cleansed Threshold of Hope: An Answer to Pope's Criticism Buddhism*, Jewel Publishing House, 1997 の "Welcoming Flowers" の章に引用されている。アインシュタインは、このような意見を一九三〇年九月九日付の『ニューヨーク・タイムズ』の記事で述べ、その後の書物においても書いている。

(27) https://www.dalailama.com/messages/acceptance-speeches/nobel-peace-prize/nobel-peace-prize

第七章

二一世紀——グローバル化する世界での仏教の役割

西欧先進国で急伸長する仏教

これからのアメリカ社会で——

仏教は、二一世紀半ばへ向かってカナダ、西ヨーロッパ、オセアニア（オーストラリア、ニュージーランド）などの西側先進国、特にアメリカで伸びていくと思われる。また、ブラジルという新興国にも同じ現象が起こっている。その際、仏教が爆発的に伸び、キリスト教を超えるようなことはないが、本書で描いた仏教の勢いが弱まる可能性は低い。

本書の冒頭でも触れたが、アメリカでは近い将来、人口の二パーセントであるユダヤ教徒の数を超すということも考えられる。そうなると、人数の面からはキリスト教徒との間には圧倒的な差はあるものの、仏教がアメリカの第二の宗教の座に就くことになる。

そしてさらにいえば、仏教への改宗者や仏教共感者の間には、経済的に裕福で、教育レベルの高い人々が多い。彼らが人数の割合以上に、アメリカ社会により大きな影響力を持ち続けることになるであろう。

アメリカ仏教から日本仏教が学ぶこと――

このように伸長する欧米、特にアメリカの仏教は、日本仏教の将来を考えていくための参考になると思われる。もっとも、アメリカと日本を並べたとき、宗教の立場や役割も異なり、わずか一五〇年の歴史しかないアメリカ仏教が、一五〇〇年の歴史を持つ日本仏教に対して、新たに示唆するものなどないといわれるかもしれない。

しかし、特に仏教を新しい視点から考えたり、日本仏教の改善や改革を目指したりする人々にとっては、本書で述べてきた近代的要素をしっかりと含むアメリカ仏教は、貴重な参考となるのではないだろうか。また日本では、「アメリカで起こる社会現象は一〇年、二〇年後に日本でも起こる」とよくいわれるが、宗教現象としての仏教についても例外ではないであろう。

日本仏教は、一五〇〇年の間、偉大な宗教家を数多く輩出し、荘厳な寺院を建立し、多くの宗教的なニーズに応えてきた。だが、戦後の日本仏教はどうだろう。伝統宗教は、葬式や法事という死者儀礼だけに専念する寺が少なくない。

一方、一五〇年の歴史しかない欧米の仏教は、現代宗教として当初から社会のニーズに対応しながら発展してきた。とりわけ一九六五年以降、現代社会の日常的なニーズに応えることに力を注いできた。ここにこそ日本仏教が学べる点が潜んでいると思われる。

このことは、アメリカ仏教が日本仏教より優れているということではない。先進国の日本やアメリカが代表する現代社会には、その差は幾分かあるにしても共通した五つの特徴が挙げられる。

一、平等化

二、理性化

三、多様化
四、世俗化
五、個人化

これら五つの特徴は、今後世界のグローバル化が進むにつれて、世界的規模に広まり深まるであろう。

女性たちの「生き方」に寄り添う女性指導者の必要性

平等化は、公民権運動や女性解放、同性愛者の運動に見出せる。アメリカ仏教では住職の立場にあたる女性の指導者が多いことは既に紹介した。仏教への改宗者が多い教団では指導者の約半数が女性であるところも少なくない。日本では、女性の参拝者は多いが、女性住職はきわめて少ない。社会の中で女性の持つ視点や力が十分に活用できていない。

アメリカでは、子供の育児や人間関係という女性だからこそ強い関心を持つような、日常生活に即した仏教の教えを説く女性指導者が多く見受けられる。究極的な「救い」や「悟り」よりは、「今をどう生きるか」ということに関心が高い多くの現代人にとって、日常的なニーズに対応してくれる仏教指導は魅力的なのである。日本でも早急に女性指導者の地位の向上と参加の増加を進めるべきである。

出家者と在家者の逆転

アメリカでの平等化現象は、寺院やセンターでの在家者の地位の向上をもたらしている。アジアの伝統仏教では、在家者は出家者を支える役を務める。彼らは、出家者が修行に専念するために必要な物質的な援助を行い、その代わりに出家者の修行から発する精神的な徳や力を受けてきた。つまり出家者が主役であり、在家者は脇役でしかなかった。

しかし、先進国では、この関係が変わりつつある。まず、仏教の知識に関しては出家者のほうが当然詳しいが、経営や心理という他の一般の知識に関しては、在家者の教育水準向上に伴い、出家者よりも高い場合が多くなっている。また、日本では、ほとんどの僧侶が出家者ではなく結婚し家庭を持っているので、僧侶と一般在家者の間の生活様式の違いは薄くなっている。

このような変化の中で、在家者（信者・檀家・会員）は、寺院の主役を担うことが可能となっている。もちろん、伝道活動や儀式などは僧侶の役目であるが、その分野でも在家者が手助けすることはできるのではないだろうか。僧侶の指導のもとで、寺院主催の勉強会で教える力のある在家者がいれば、彼らに任せることも必要であろう。そうすることによって、寺院の伝道活動もより活発になってくるのである。

また、寺院の運営方法に関しては、僧侶より在家者のほうがより詳しい場合が多くなっている。仕事先の会社では人事や広報や経理に関わっている在家者はその経験を寺院でも生かすことで、大きく貢献できることになる。

そして、寺院をより活発な場所とするためには、在家者自らが自分たちの寺に対する要求や要望をより明確にし、それらを寺の活動に反映させるべきである。仏教や僧侶批判はよく耳にするが、今必要なのは、在家者の意識改革である。

そのためには、自分たちが寺や仏教に求めることをはっきり主張し、それを実現することにもっと積極的に関わっていくことである。その一つが、家庭問題を扱う部会寺院の組織の一部として設けることであるかもしれない。要は、在家者が声をあげ、住職や他の僧侶と協力しながら、現代の問題に対応できる寺を築くことである。

寺院の活動に関して在家者がより積極的に関わっていくことは、僧侶にとっても助かることであり、また寺院の活性化をもたらす。そして社会における仏教や宗教の地位の向上にもつながる。この平等化する現代社会では、在家者の活動の向上は必然で、必須な変化なのである。

医学と仏教・普遍と縁起

教育水準が高まるにつれ、現代人は科学的で理性的な思考能力を持つようになった。既に言及したように、欧米では仏教は一神教とは異なり科学と矛盾しないとのイメージが強い。特にアメリカでは心理学と仏教の融合が進み、心理療法に仏教の瞑想が取り入れられ、痛みの軽減や免疫の強化にも有効であるとして医学治療にまでおよんでいる。アメリカ仏教は、理性的思考に訴えるために、より多くの人々が仏教に関わり始めているのである。

日本では、科学と宗教には壁があり、仏教者と科学者の協力は稀である。これは、公共教育での科学万能主義や行き過ぎた「政教分離」解釈などが影響しているのであろう。心理学者や心理療法士の中でさえ、「仏教は科学とは矛盾する宗教である」という理由で、仏教者との学術交流を拒む人が多い。ただ二〇〇八年に創立された「日本仏教心理学会」の動きに希望の兆しが見える。

理性化という現象は、理性的思考のみでなく、「普遍性」という特徴ももたらす。アメリカの改宗者の間で広まる仏教には、特定の文化に限らない修行法や教義が強調される。即ち、彼らは普遍性の高さに惹かれるのである。その最たる例は、既に何度も言及している瞑想法である。そこでは、ただ、座り、呼吸を整えるというほとんど誰にでもできる、きわめてシンプルで、特定な言語も必要とされない動作が要求されるのみである。

同じように教義についても普遍性の高い教えが注目される。例えば、「諸行無常」や「縁起」という教えは、文化を超え、いや、宗教を超え、誰もが理解でき納得できるものである。キリスト教徒でもイスラム教徒でも無神論者でも、世の中は常に変化しているということには異論がなかろう。

科学においても同じだ。物事は他の縁によって成り立っているという教えは、科学的な知見と矛盾しない。それどころか、グローバル化が進む経済の分野では物事がつながっていて、お互いに依存し合っている（相互依存性）ということが顕在化してきている。

多元的態度と宗教間の対話

欧米社会では多様化が進んでいる。特にアメリカでは、人種や民族そして宗教が共存しているために、寛容的で開放的な考えが必要となる。確かに排他的で優越的な態度を鮮明にする原理主義的な宗教団体も多いが、一方で大多数のアメリカ人は、アメリカ社会の多様化は好ましいと考えている。このような環境の中で、仏教の寛容的で開放的な態度は、多くの一神教の考えとは異なるゆえに多様性を容認する人々の間で、高く評価されているのである。

このような寛容性は、国境を越えてつながる世界の現状を眺めるとき、より必要なこととなる。世界はもはや宗教の間の排他性や孤立的な態度を容認する余裕はない。自分の宗教が唯一正しく、真実であり、他の宗教は間違いであるとまで考える宗教が存在する余地はなくなってきている。世界平和には、多様的で開放的な態度が必須である。

しかし、現実はそうではない。宗教間の関係には三つの態度が存在するといわれている。それは、一、排他的態度、二、包容的態度、三、多元的態度である。

排他的とは、自分の宗教が唯一正しく、他の宗教は間違いであると見て他の宗教を排除する態度である。包容的とは、排他的と違って、他宗教にも部分的に正しい点があることを認め、それらの宗教との交流も排除しない考え方である。ただその関係では、「最も正しい自分の宗教」が、「劣った他の宗教」を、親が子供を包容するようにするものである。

多元的態度とは、他宗教を間違い、あるいは劣るものとは見ず、正しい宗教は多数あり、自分の宗教もその一つであるという態度である。この態度を支持する中には、真実は一つであり、諸宗教はその表れにすぎないという考えを持つ人々も多い。従って、他の宗教との間に寛容的で開放的な関係を求める。前出のダライ・ラマのエピソードにそれがよく表れている。

アメリカ仏教者の中では、この多元的態度をとる人が多い。私は、これこそ本来の仏教の態度であり、今後、世界の宗教間の健全な関係および世界平和のために不可欠であると考える。

この必要性は、宗教間対話の分野で著名なハンス・キュング博士の有名な発言に表れている。「宗教間の平和なしには、世界平和はあり得ない。そして、宗教間の対話なしには、宗教間の平和はあり得ない」。私は、仏教こそが、宗教間のさらなる対話を大いに促進できるリーダーとしての素質を持っている宗教であると思っている。

日本国内の民族や宗教の多様性の受容は、欧米ほどではないにしろ、高まる傾向にある。そのとき寛容的な仏教の役割は日本国内での宗教間の関係でもより必要となってくるであろう。そしてまた、国際的舞台では、日本仏教はその財力と人材力を基に、宗教間の相互理解にもっと貢献できる力を有する。

例えば、日本には、たくさんの仏教系大学（短大を含む）が存在する。その数は六〇を超え、これは、他の国々の仏教系大学の数と比べれば、群を抜く数である。このような規模の人材と財政の基盤を活用して宗教対話等を主催することは大いに可能であり、役目ではないかと考える。日本の新宗教、特に立正佼成会などは既に積極的に宗教対話に関わっているが、伝統仏教のほとんどの宗派ではその可能性は一部しか発揮されていない。

世俗化：日常と社会のニーズに応える

世俗化する現代社会では、科学万能主義や政教分離の思想が蔓延する一方で、宗教の影響力は低下してきた。経済力が向上し、寿命が延びて自由な生き方を選べるようになり、人々は「あの世」よりも「この世」を重視する。欧米仏教は、「この世」の課題に力を注いできた。

日本仏教では、近年葬式のあり方が問われている。遺族の求めに応える心のこもった葬儀を多くの日本人は依然として期待しているが、仏教寺院がそれに応えきれていないために、その要請が薄くなっている。仏教はこの役を担い続けるべきである。だが、それ以上に仏教の重要な役割とは、人々の日常生活のニーズに応えることであるということを忘れてはならないと思う。仏教寺院はそれら他のニーズに応えなければならない。そこで参考となるのは、アメリカの仏教が行ってきた現代人の多様なニーズに応える姿ではないだろうか。もちろん、国も異なり、文化も異なるが、人間の苦悩や悩みにはそれほどの差はないであろう。

寺では、アルコール依存症、家庭不和、不登校、禁煙などといった、個人生活に関する改善を目指す特殊な目的を持つグループを主催することが可能であろう。また、いじめ、環境、原発、ホームレスなどという社会的課題に取り組むことで、コミュニティへより深く関わっていくことができるであろう。

もちろん、こうした問題に対応するのは、容易なことではない。特殊な知識なども必要となり、住職だけでは対応は難しいであろう。しかし、そういう場合は寺院の会員や知り合いの間から専門家を求めるか、または、専門団体に寺院の場所を提供するというのは、それほど困難なことではないはずだ。

以上のようなことに既に取り組んでいる日本の寺院はある。例えば、お年寄りが多い地域では、寺の法要にお参りするその同じ日に、ミニバスで医療機関や普段の買い物に送迎する寺院主催のサービスが増えているそうである。このように、身近な日常的な要求や必要に応えることは、比較的容易に実施できることである。

また、東日本大震災での仏教教団の貢献は、手厚く迅速に行われたことで、社会に高く評価されたようである。この成果は、何か日本仏教のあり方に基本的な変化をもたらし始めたという気がする。仏教には、さらに果敢な社会参加が期待される。

こうして寺の存在感を高めることで、より多くの人々との連携が強まり、寺への親近感が高まり、絆も深まってくる。そしてその信頼の上で、人々は葬儀や法事というニーズをその寺に求めるようになるであろう。

個人化：不安定な個人と自己の探究

最後の個人化が最も重要な要素かもしれない。個人化が進んだ結果、共同体の重要性が弱まってきた。既に言及したように、アメリカでは自治体主催のピクニックの参加が過去四〇年で、年間一人当たり約五回から二回に減った。日本も同じような状況で、情報技術（ＩＴ）社会の中で、一人で過ごす時間が増えている。

グローバリゼーションが進み、終身雇用も弱まり、いつ仕事を失っても不思議でない世の中になった。雇用の不安は心の不安を増幅する。いきおい「頼るのは自分しかいない」と考える人は増え、その孤立化は深まる。

このような不安と孤立は、自己のアイデンティティの不安定を生み、自分が本当は何者であるかが不明であるという人々を増やしてきた。一昔前までは、人々の社会的役割は比較的明らかで安定していたが、今日ではその役割は明瞭ではなく、きわめて流動的である。

その結果、多くの人々は「真実の自己」（それは自分たち自身の中にあると見られている）を求めているのである。この移行は、主観的転回《サブジェクティブ・ターン》という現象であり、近代化の一つの特徴である。これこそが「聖なる心の体験」の探求を促しているのである。

私は、このような内省的な探求は必ずしも問題だとは思わない。アメリカでは毎日一〇〇〇万人以上が何らかの瞑想を行っているということは、社会の不安や人々の孤立感が高まっているということだけではなく、それほどの人々が現代社会の歪みに真剣に向き合っている、と見ることができる。

そしてなかでも仏教に惹かれた人々にとっては、このような探求こそは、宗教の伝統をただ消極的に遠くから眺めるのではなく、積極的に自分が納得できる証し（己証）を求め、「自灯明、法灯明」という本来の仏教の求道精神を示すものであるといえよう。

このように、欧米の仏教は、人々の精神的なニーズに応えてきたからこそ多くの求道者を生んでいる。日本仏教も精神的なニーズを求めてくる人々には、門戸をより大きく開く必要がある。仏教が目指す「目覚め」、つまり心の安定を得る実践的な指導が求められているのである。

広大無辺の宗教として――スピリチュアリティとは何か

アメリカ的な仏教が、今後、グローバル化する世界で伸びる傾向にあることは確かである。それは、教育水準が高まる世の中では、人格的な神を信じるという宗教には納得できない人々が増えるからである。一方、アインシュタインも発言したように、科学と矛盾しない「広大無辺の宗教」の代表である仏教こそが、今後より多くの人々に受け入れられていくのである。

その広大無辺の宗教こそが、「信じる宗教」ではなく、「目覚める宗教」なのである。

第八章

現代における真宗のヴィジョン

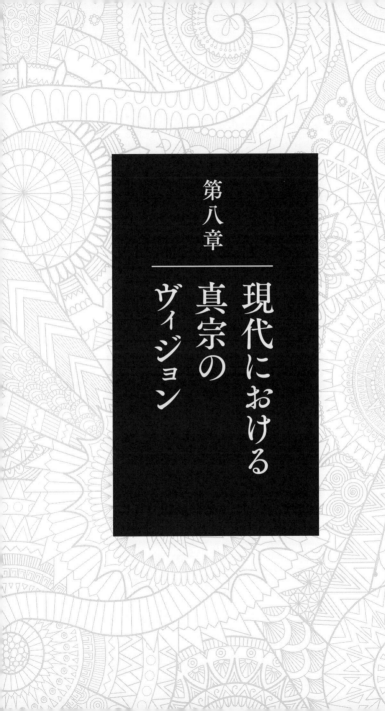

「目覚めと行動の宗教」を目指して

真宗に対する誤解

残念なことに、西洋においても日本においても、真宗に対して誤ったイメージが形成されてきた。

例えば、ドイツの仏教学者ハインツ・ベッヒェルト（一九三二〜二〇〇五）は、「浄土教は、主に民間信仰として東アジア全般で信者を得た。……〈浄土教は〉仏陀に関する概念をある意味、正反対にねじ曲げて捉えている。その極端な代弁者が親鸞聖人である……」[28]と指摘し、その理由として「ただ阿弥陀の恩寵（grace）のみが我々を救済すると考えている」からであるとしている。

著名な仏教学者で花園大学教授の佐々木閑氏は、近年このように記した。

「……われわれがなすべきことは、その阿弥陀の力にすがって身を任すことだけだと説きます。親鸞の教えは間違いなく宗教としてすぐれていますし、自力で努力することのできない状態にある人にとっては非常に有り難い支えとなるのですが、『釈迦の仏教』とは全く別ものです」[29]

また、エスベン・アンドレアソン著の『Popular Buddhism in Japan: Shin Buddhist Religion and Culture（日本の大衆仏教　真宗と文化）』は、真宗が単に信仰するだけの大衆的なもので、正統的な仏教から逸脱したものであると印象づけた。もしも親鸞が我々とともにそれらの場にいたならば、きっと落胆したに違いない。というのは、親鸞は自らの教義を〝大乗の中の至極〟だと見なしていたからである。

Shinshu Theology（真宗テオロジー）――

従来、教義を学問として扱ってきたのは「真宗学」や「真宗教学」である。しかし、前段のような親鸞思想に対する誤解を正していくには、伝統宗学とは質的に異なるアプローチが必要となってくる。

そこで、これまでの枠組みを超えて親鸞思想を正確に伝えるものとして、「Shinshu Theology（真宗テオロジー）」という新たな用語を用いた取り組みを行っていきたい。テオロジー（theology、theo- は「神」、-logy は「学」の意）は、一般にキリスト教神学を意味するが、アメリカの著名な神学者であるデビッド・トレーシー（一九三九〜）は、テオロジーを「ある宗教の伝統における知的解明」であると定義し、「その伝統が一神教の神に関するかどうかに関わらず」採用できるものだとしている。

すでに二〇〇〇年にアメリカで出版された仏教論文集も、『Buddhist Theology（仏教テオロジー）』というタイトルを用いて、この定義を取り入れている。

そこで、この Shinshu Theology では、特に次の三点に重点を置いて、真宗の新たな宗教的普遍性を追究していきたい。

一、伝統的な手法や視点に限定しない

二、視野を世界に開く
三、求道者のニーズと体験を重視する

第一点は、伝統的な宗学に限らず、その範疇を超えた視点や方法論を認めることである。もちろん長い伝統を持つ学究を否定するのではなく、そこに新たな方法論を協働させることで、さらに親鸞思想の多様性と深みとを国際社会に訴えかけようというのである。

第二点は、日本の言語と文化を超えた視点を持つことである。親鸞思想に日本の文化が色濃く反映されているのは当然だが、真宗が現代において世界的普遍性を持つと主張するためには、グローバルな視野を持たなくてはならない。

第三点だが、特に本願寺派では阿弥陀仏への絶対的帰依による救いを強調し、煩悩具足の凡夫たる我々がどのように道を求めるかを、やや軽視する傾向にあった。しかし、現代人は「己」の視点と体験を強く求めるようになっている。伝統宗学でいう「伝統と己証」の「己証」のニーズと体験を尊重することが重要である。

親鸞の智慧・主体性・社会性

Shinshu Theology の新たなアプローチを用いて親鸞思想を見つめ直すことで、宗学の伝統ではあまり省みられてこなかった側面が浮かび上がってくる。
それは、初期仏教や大乗仏教が重要視してきた「智慧」、「主体性」、「社会性」の三側面である。また、これらの側面が親鸞思想の中に受け継がれていることは、とりもなおさず真宗が、仏教を逸脱した異端ではないことの証にもなっている。

親鸞における信心の「智慧」の側面

求道者の体験を重視する Shinshu Theology の観点から、まず「信心」における智慧について検討したい。
親鸞は『教行信証』の中で信心（信楽）の定義を次のように述べている。

「信楽と言うは、信はすなわちこれ真なり、実なり、誠なり、満なり。極なり、成なり、用なり、重なり。審なり、験なり、宣なり、忠なり。楽はすなわちこれ欲なり、願なり、愛なり、悦なり。歓なり、喜なり、賀なり、慶なり……信楽はすなわちこれ真実誠満の心なり。極成用重の心なり。審験宣忠の心なり。欲願愛悦の心なり。歓喜賀慶の心なり。ゆえに疑蓋雑わること無きなり（故疑蓋無雑也）……」

これらの定義から体験の部分を抽出すると、「委託」、「歓喜」、「無疑」、「智慧」の四つの側面が見えてくる。そして、四側面に当てはまる代表的な言葉を取り出せば、次のようになる。

一、委託の側面　「用」「重」「忠」
二、歓喜の側面　「歓」「喜」「賀」「慶」
三、無疑の側面　「疑蓋無雑」
四、智慧の側面　「審」「宣」

ところが、本願寺派は『親鸞全集（The Collected Works of Shinran)』を英訳する際、信心という多義性を持つ言葉を訳さなかった。

現在、信心の英訳として最も用いられているのは「entrusting」という語だが、主として「任せる」という意味で、四側面のうちの「委託」だけが過度に強調される結果となった。

智慧という言葉そのものは、『正像末和讃』の中にもある。

「釈迦弥陀の慈悲よりぞ　願作仏心はえしめたる
信心の智慧にいりてこそ　仏恩報ずる身とはなれ
智慧の念仏うることは　法蔵願力のなせるなり
信心の智慧なかりせば　いかでか涅槃をさとらまし」

ここでいう信心は、求道者の修行や努力でなく、阿弥陀仏の智慧と慈悲に起因するものであり、体験ではなく真理に関する叙述となっている。

しかし、親鸞はこれに次の左訓をほどこし、体験に関する記述を加えた。

「みたのちかひはちゑにてましますゆへに、しんずるこころのいでくるは、ちゑのおこるとしるべし」

信心を体得した者には「智慧がおこる」と明記している。体得者は、信心という体験を通して阿弥陀仏から発生した智慧を何らかの形で自覚するというのである。伝統教学はこの点をほとんど議論してこなかった。

さらに親鸞は、智慧の内容を阿弥陀仏の名の一つである「智慧光仏」と結びつけて説明している。

「念仏を信ずるは、すなはちすでに智慧をえて、佛になるべきみとなるは、これを愚癡をはなるゝことゝしるべきなり。このゆへに智慧光佛とまふすなり」(『弥陀如来名号徳』）

真宗七高僧の第五と称される唐の善導（六一三〜六八一）も、すでに同様の考え方を「信知」という言葉を用いて説いている。

「深心はすなはちこれ真実の信心なり。自身はこれ煩悩を具足せる凡夫、善根薄少にして三界に流転して火宅を出でずと信知す。いま弥陀の本弘誓願は、名号を称すること下至十声等に及ぶまで、さだめて往生を得しむと信知して、一念に至るに及ぶまで疑心あることなし。ゆゑに深心と名づく」（『往生礼讃』）

親鸞は「二種深信」と呼ばれる重要な教えの中で「信知」という語を引用し、深信に至るために求められる二面の信知を強調している。

一、求道者自身が煩悩具足の凡夫であると信知する

二、阿弥陀の本願により救われると信知する

信知は、単に知る（know）ことでなく、真に知る（truly know）ことを意味する。単に知識を得ることでなく、より深く理解すること、つまり智慧を獲得していくはたらきである。この二面の真理についての智慧を信知することを、深信という言葉は含意している。こうして我々は、少しユーモラスに英語を使って表現すれば、自身が大いなる混沌（One mess）であると同時に、一如（Oneness）に基づく阿弥陀に摂取されていることを自覚するのである。つまり、自分はOnenessに抱かれているOnemessである。

このようにして信心が備われば、多少なりとも智慧のはたらきを体験したことになるはずである。『教行信証』にその根拠となる箇所がある。

「しかれば真実の行信を獲れば、心に歓喜多きゆえに、これを歓喜地となづく。これを初果に喩ふることは、初果の聖者、なほ睡眠し懶堕なれども二十九有に至らず」

真実の行信（信心）が備われば、大乗仏教でいう十地中の「歓喜地」、初期仏教や上座部仏教でいう「預流果（sotāpanna）」と呼ばれる初果の聖者の境地に至り、なにがあってもそこから後退することはないと説いている。つまり親鸞は、信心の体得者にはそれなりの智慧が備わり、その智慧により煩悩に左右されず、不退転の境地に達したと強調したかったのであろう。

こうして見てくると、信心体得の経験には、智慧の側面が大きいことが明らかである。そこで「信心」の英訳として「true realization（真の気づき）」か、同様の意味を持つ「true awakening（真の目覚め）」を用いることを検討すべきだと考える。信心という言葉が多面性を持つため、どのような英訳であっても十分とはいえないが、少なくとも「true entrusting（真の委託）」と同等の地位にあってよいはずである。

また、英語の realization という語には、現実や自分自身を深い段階まで探究することで得られる求道者側の充実感がある。これは、「自己実現（self-realization）」という言葉が心理学や日常でよく使われることからも理解されるだろう。

さらにいえば、動詞形の「to realize」は、「to entrust」よりも主体性があり躍動感に溢れている。委託（entrusting）の概念を超えるものであり、ただひたすら弥陀の本願力にすがるというのが真宗における固定観念だとすれば、それに疑念を呈するものでもある。

智慧と慈悲に包まれた真の主体性

Shinshu Theologyで強調したい第二の側面は「主体性」である。「智慧」とは異なり、仏教の教義に「主体性」という用語は出てこない。しかし、ある段階の目覚め（awakening）を実現（realize）した個人には基本的に主体性が備わり、そしてそれこそが、智慧と慈悲の中に現れる真の主体性（authentic individuality）であると私は考える。

釈尊は最後の説法で「自らを洲（または灯明）とせよ」（『大パリニッバーナ経』二六）と説いた。

また、『ダンマパダ』の次の一句にも主体性の根拠が窺える。

「自己こそ自分の主である。他人がどうして（自分の）主であろうか？　自己をよくととのえたならば、得難き主を得る」（中村元訳『ダンマパダ』一六〇）

自己が自分の主（Attā hi attano nātho）であるということは、自己の主体性を肯定することである。「主」はパーリ仏典では「nātho」で、英訳すると「mainstay（支え）」「mastery（支配）」「refuge（保護）」などとなる。すると、支え・支配・保護する主体は、目覚めた自我（awakend self）に他ならず、真の主体性（authentic individuality）の一部を反映するものとなっている。

『スッタニパータ』によれば、主体性が確立された聖者には、他によって左右されず揺るぎもしない性質が備わるとされる。

「独り歩み、怠ることのない聖者、非難と賞讃とに心を動かさず、音声に驚かない獅子のように、網にとらえられない風のように、水に汚されない蓮のように、他人

に導かれることなく、他人を導く人、――諸々の賢者は、かれを〈聖者〉であると知る」（中村元訳『スッタニパータ』二一三）

また、大乗仏典の『大般涅槃経』は、「無我（non-self）」の教えの中で「真我（true self）」の存在を説き、さらに「大我（great self）」と呼ばれる「偉大な本質」に言及している。このように見てくると、求道者の主体性は仏教の「無我（梵：anātman）」の教えと矛盾するものではない。

龍谷大学の武田龍精名誉教授は、真宗の伝統の中にも絶対的主体性が存在すると主張している。出家と在家を問わず、真の主体性を備えた目覚めた人々を、善導は「妙好人」といい、親鸞は「真の仏弟子」と呼んだとしている。

親鸞自身についていえば、その真の主体性は行動上の三つの特色に表れている。

一、一身上な探究のあり方

二、意思決定における個の重視
三、信念の堅固さ

第一の特徴である一身上な探究のあり方に関しては、『歎異抄』の有名な一節に親鸞の精神が表れている。

「……弥陀の五劫思惟の願をよくよく案ずれば、ひとへに親鸞一人がためなりけり……」

当然のことだが、親鸞は弥陀の願を独占して、他人を差しおき自分だけのために願が立てられたと考えたのではない。願が自分に向けられていると、はっと気づかされた喜びと驚きを表現している。自己の苦悩の根本を深く熱心に追い求めたからこそ、弥陀の願の慈悲深いはたらきを自覚できたのである。

親鸞が個々の意思決定を重視した第二の特徴も『歎異抄』の中に見える。迷いを持つ東国の弟子たちが、さらに教えを乞うために京まではるばる訪ねてきたとき、親鸞は奈良や比叡山の学僧に聞いてみるのもよいが、自分が教えることは念仏以外にはなにもないと語った。そして、弟子たちに結論としてこのように告げた。

「このうへは、念仏をとりて信じたてまつらんとも、またすてんとも、面々の御はからひなりと、云々」

仏教大学院（Institute of Buddhist Studies）の院長だったアルフレッド・ブルーム博士（一九二六〜二〇一七）は、親鸞に心を奪われた大きなきっかけが、この一節だったと述べている。博士はもともと保守的なキリスト教徒だったが、個人の主体的な決断を許容する親鸞思想の寛容さに惹かれたとしばしば語っていた。

第三の主体性の特徴である信念の堅固さに関しては、重要な記述が『教行信証』にある。

一二〇七年、後鳥羽上皇による法然や親鸞らに対する弾圧事件が起こった（承元の法難）。親鸞はこれに対し、「主上臣下、法に背き、義に違し、忿りを成し、怨みを結ぶ」と天皇まで厳しく非難した。

これは当時としては、死罪に処せられる恐れさえある非常に勇気のいる発言であった。しかし、親鸞にはどんな結果も受け入れる覚悟があった。

そして、次のように述べた。

「ただ仏恩を深く念じ、人倫（人間）が嘲るを恥じず」（『教行信証』後序）

この一文に、自分の身の危険を顧みず行動する親鸞の確固たる信念が表れている。

真の主体性についてのまとめとして、五〇年にわたり真宗の代弁者的立場にあった信楽峻麿博士（一九二六〜二〇一四）の著書から引用する。以下は「自由人・自在人」の説明として書かれたものだが、これまで論じてきた真の主体性と同義である。

「……自由も自在も、ともに煩悩、自己中心の心のはたらきを克服して、理想の人間として、人格変容をとげていくということを言います。……私たちは、日ごろは、自立することなく、いつも他人の眼を気にしたり、何かに頼って生きているわけですが、まことの「さとり」をひらき、まことの自己を確立するならば、そのように、自己自身に由って生き、自己自身において在ることができるということです」[30]

社会性　ソーシャル・エンゲージメント

親鸞の教えの第三の側面は「社会性」である。すでに第三章の「社会参加――エンゲージド・ブッディズム」で述べたように、アメリカ仏教では、社会参加（social engagement）を重要視してきた。

社会性とは、自己を超えて存在する他の人々や他の生き物との関わりを指す。このため現実世界とのつながりの中で生じるが、一般的に真宗は、現実世界を離れ、浄土を希求する「厭離穢土、欣求浄土」の思想が始まりにある宗教だと認識されている。これは間違いとはいえないが、親鸞の思想のすべてを反映しているものではない。というのは、親鸞は広大な教えの中で、この二点を強調しているからである。

一、現世の重要性

二、利他行（他者のためになる活動）

他の人々や生き物との関わりでは、「抜苦与楽」という仏教の目的に沿って、現実世界で他者の「苦」の軽減と「目覚め」の手助けをする。これが仏教における社会性の中核であり、その行いとは「利他行」に他ならない。

アメリカで真宗の紹介に努めた海野大徹博士（一九二九～二〇一四）は述べている。

「浄土真宗は、来世へ至る道を示唆しているかもしれないが、最も重要視するのは、今この現世で〈here and now〉なにをするかである」[31]

ソーシャル・エンゲージメントについても書いている。

「〈聞法の〉最終段階までくると、我々は気づかされるのだ。それが単なる内的で主観的なプロセスではなく、社会における我々の責任を強調していることに。我々は、個人的・社会的・歴史的な全ての困難に際会し、精力的に取り組んでいく。たとえ長い時間がかかり、容易な解決法がないとわかっていても」[32]

このような正論があるにもかかわらず、現代の真宗には社会参加を妨げる要因が二つある。

一、「自力」に対する誤解
二、『歎異抄』四章の記述

第一の要因は、親鸞のいう「自力（self power）」の意味を理解せず、「努力（effort）」することと自体と同一視することから起こる。ある元大学院生が笑いながら語ってくれたことだが、浄土真宗の信徒の中には自力になることを心配して、電車でお年寄りに席を譲ることとすらできない者もいるという。

龍谷大学で講師を務める渡邊了生氏は、自力の問題は、努力そのものにあるのではなく、求道者の動機や態度にあると主張する。そして、その間違った動機や態度を示す親鸞の言葉を引用する。

「……罪福を信ずる心をもって本願力を願求す、これを自力の専心と名づくるなり」（『教行信証』）

すなわち親鸞が「自力」と呼ぶのは、阿弥陀如来の本願を疑って、自己中心的なものさしで「罪」（悪い）「福」（良い）を信じる心（信罪福心）を持って行動をとることであるという。

それならば、本願力を疑う自力の心がなければ、真宗の信者であっても、自分が興味を持っている行（practice）に取り組んでもよいことになる。

伝統的な行に、善導が説いた浄土往生の五正行（読誦《どくじゅ》・観察《かんざつ》・礼拝《らいはい》・称名《しょうみょう》・讃嘆供養《さんだんくよう》）がある。

その中の「観察」は一種の瞑想なので、真宗信者も興味があればマインドフルネスなどの瞑想を実践してよいはずである。

私見ではあるが、これは西洋や日本で仏教に興味を持つ多数の人々にとって、魅力的に感じられるスピリチュアルな活動になるのではなかろうか。日本でも、新たに仏教に興味を持つ若い世代の多くは、瞑想に惹かれているということを忘れてはいけない。

私自身も「念仏瞑想（Nembutsu Meditation）」と名づけたものを推し進めてきたが、五正行の「観察」と「称名」を基にして、現代人のために構成し直したものである。これもまた、自力的な動機や態度ではなく、「報恩行（practice rooted in gratitude）」の表現として行っている。

自力・他力の問題を突きつめ過ぎると、真宗で重要視されてきた「聞法」ですら、自ら進んで仏法を聴聞することなので自力と解されかねない。自力が問題となるのは、努力そのものにあるのではなく、努力の動機や態度にあるのである。

社会性を妨げる第二の要因は、『歎異抄』の第四章の記述である。そして、その影響は極めて大きい。

「……聖道の慈悲といふは、ものをあはれみ、かなしみ、はぐくむなり。しかれども、おもふがごとくたすけとぐること、きはめてありがたし。浄土の慈悲といふは、念仏して、いそぎ仏になりて、大慈悲大悲心をもて、おもふがごとく衆生を利益するをいふべきなり。今生に、いかにいとをし、不便とおもふとも、存知のごとくたすけがたければ、この慈悲終始なし……」

人間の慈悲心は限られており、思いどおりに他人を救うことができないから、まずは来世で成仏し、無限の慈悲を得て「還相《げんそう》」（浄土よりこの世に還ってくる側面）においてて他人を救う存在となるよう、現世ではひたすら念仏を唱えよ、という意味に解釈できる。

この考え方は、念仏を唱える心構えとしては受容できるかもしれない。しかし、現世での他者への配慮を先延ばしにして、来世で仏になるまで待てというのでは、倫理的、社会的な努力を放棄させる恐れがあり、また実際にその傾向は否定できない。

東京大学の末木文美士名誉教授は、たとえ自分の能力が限られていても、現世で他者のための行動をとることを提唱している。大慈悲大悲心によって衆生を救う「還相」のはたらきとは、我々が死後浄土から還ってからの活動だけのことではないと見る。つまり、現世において、阿弥陀仏の無限の慈悲に触発された者は、他者のために勤めるべきだという。

この現世（現生）でなされる「他者のための行動」は、阿弥陀仏の大悲を伝える「常行大悲」でもある。


「社会性」に関して最後に述べたいのは、真宗信者が自分たちをどのように見ているかという点である。伝統的な捉え方は「煩悩具足の凡夫」であり、思うままに他者を助けることができないというものである。確かにそのとおりで、我々は不完全な存在である。しかし、これまで「智慧」や「主体性」について検討してきたように、どんなに小さな存在だとしても、我々は変容できるのである。

この点について龍谷大学で講師を務める斎藤信行氏は、親鸞の言葉を引用して、煩悩具足の凡夫であっても信心を得れば、単なる愚かな存在でなく、「人の中の白蓮」だという。

「煩悩を具足せる凡夫人、仏願力によって摂取を獲。この人は凡数の摂にはあらず、これ人中の分陀利華なり」（『入出二門偈頌』）

そのような人々は、煩悩具足の泥の中に根を下ろしていても、泥水の上に昇り出て汚れなく咲く白い蓮のように、人々に元気を与えていく存在なのである。

目覚めと行動の宗教

これまで「智慧」、「主体性」、「社会性」の三側面を検討してきたことで、親鸞の教えが「信仰と無行動の宗教」でなく、「目覚めと行動の宗教」であると見直す材料がいくつか提示できたと考える。

大谷大学の小川一乗名誉教授は、仏教は「目覚めの宗教」であると同時に「目覚めた者となる宗教」であり、キリスト教は「信じる宗教」であるとしている。

私もさまざまな講演の中で、真宗を「信じる宗教」ではなく「目覚める宗教」として捉える必要性を訴えてきたが、今のところ批判的な意見はほぼ返ってきていない。

この章で述べてきたのは、一般的な真宗に対する概念に疑義を申し立てるものであった。アメリカの仏教寺院でも、真宗を「文字の読めない農民だけのための宗教」と表現する人がおり、基本的に庶民のための通俗的な宗教というイメージが作られてきた。

かつての日本に、確かに文字の読めない人が多かったのは事実である。しかし、最近の研究が、親鸞の直弟子の多くは無学の庶民ではなかったと明らかにした。内山純子著『東国における浄土真宗の展開』によれば、徳川期の記録で五七人の直弟子の出身を調べたところ、公家三人、僧侶一〇人、神主四人、僧侶経験のある武士一〇人、武士かつ地頭二七人で、庶民はわずか三人に過ぎなかった。

このような記録によらなくても、弟子たちが読み書きできたことは、親鸞の書簡が示している。漢文を書くことはできなかったかもしれないが、日本語の手紙文には熟達していた。その中にあって顕智、性信、蓮位は、彼らに宛てて書かれた消息文から、卓越した読解力を備えていたことがわかる。もちろん『歎異抄』を著した唯円もその一人で、親鸞は信頼を寄せていた。

字の読めない庶民の弟子たちを軽視するつもりは一切ないが、そういう人ばかりではなかったのである。弟子たちの姿を正確に描くことは、真宗の教えを新たに見直していく際に、日本だけでなく特に国外において必要となる。これから親鸞の思想に触れ、その教えを学ぼうとする世界の人々が、文字を読むのも困難な無学の人間でないからである。

すでに始まっている真宗を新たに描き直す活動――

すでにアメリカでは、真宗のヴィジョン（vision）を、旧来の「信仰と無行動の宗教」

でなく、「目覚めと行動の宗教」として新たに描き直す（revisioning）活動が始まっている。そこで、日本ではあまり見られず、海外だけで起きている四つの実例を紹介したい。

第一は、春と秋の彼岸に大乗仏教に共通する「六波羅蜜」の実践を進めることである。六波羅蜜とは、仏教の求道者が行う六つの徳目（布施・持戒・忍辱・精進・禅定・智慧）の修行である。

私はこれを真宗の伝統だと思っていたのだが、築地本願寺でその話になったとき、日本には一切その習慣がないと知って驚いた。反対に日本の僧侶たちも、自力に見えかねない実践がアメリカで行われていることに驚いていた。

このような実践の重要性を認識していたのが、アメリカ仏教の先駆者の一人である京極逸蔵師（一八八七〜一九五三）である。師は、六波羅蜜が人間の本性の不完全を悟る契機となると考え、それを実践することで他力本願がより理解しやすくなると感じていたのである。

師の遺稿集である『生の仏教 死の仏教』という本は、六波羅蜜の一つである「布施（dāna)」を大きく取り上げている。六〇年以上前の一九五七年に刊行されたものだが、最近になって大手出版社が復刻した。その理由は、行動と他者への配慮を重視する師の姿勢が、現代の日本仏教界にとって斬新かつ必要と考えられるからだという。

「目覚めと行動の宗教」の第二の実例として、日本では全く知られていない「Golden Chain（黄金の鎖)」という教章文を挙げたい。教章文は、四句からなる詩で、仏の徳を讃えるものである。

ハワイのドロシー・ハント師が一九三〇年代に創作したが、今でも非常に人気が高く、北米中の真宗コミュニティの人々から深く愛されている。

I am a link in Amida Buddha's golden chain of love that stretches around the world. In gratitude may I keep my link bright and strong.

英文は教章文の最初の一句である。ここでは真宗のメンバーズ（会員）として阿弥陀仏との内面的な連繫と、仏から広がる黄金のチェーンの環としての自分の立場が、非常に魅力的な言葉で表現されている。その後に、生きとし生けるものに優しく接し、弱者を守ること。純粋で美しい心と言葉と行いを心掛けること、という誓いの二句が続く。そして最後は、慈愛に満ちた阿弥陀仏の黄金のチェーンがより輝かしく強くなり、全ての人々にとって安穏である悟りが得られますように、という祈りの句で締めくくられる。

アメリカで見直しが行われている第三の実例となるのは、二〇一三年に私が実施した簡単なアンケートである。

対象者は在家信徒四七人、僧侶一七人で、グループごとに質問を行った。阿弥陀仏に関するものでは、回答の選択肢は次の四つで、その中から一つまたは二つを選んでもらった。

A、西方浄土に住む仏
B、究極の者だが、キリスト教の神とは異なる
C、智慧と慈悲の象徴
D、日常生活における「いのち」のはたらきを神格化したもの

在家信徒への質問は、「あなたにとって阿弥陀仏とはなにか」である。最も多かった回答はCで五〇％（回答数三九）、二番目がDの二三％（回答数一八）、三番目がBの一八％（回答数一四）、最も少なかったのがAの九％（回答数七）であった。

僧侶への質問は、「仏教に初めて触れる人に阿弥陀仏をどう説明するか」である。最も多かった回答はCで六四％（回答数一六）、二番目がDの三六％（回答数九）で、AとBは誰も選ばなかった。

在家信者、僧侶ともに、CとDの回答が多かったことは、より内在的、現世的、かつ一元論的なものとして真宗を捉えてきた私の見解を反映するものとなった。真宗

を「目覚めと行動の宗教」と呼ぶにふさわしい結果となったといえるのである。

一方、はるかに人気のなかったAとBは、より超越的、来世的、二元論的である。これは「信仰と無行動の宗教」における捉え方である。

このアンケートでは、「浄土」についても質問したが、「阿弥陀仏」に関する質問と同様の結果が出た。


第四の実例は、ソーシャル・エンゲージメントである。日本でも見られるものではあるが、アメリカでは若い世代がより熱心に、かつ頻回に取り組んでいるように思う。第三章と重複する部分があるが、その流れを簡潔にまとめておこう。

一九六〇年代、米国仏教団（BCA）は、青年仏教会（YBA）の活性化を図るため、「仏教者的生活のプログラム（the Buddhist Life Program）」に着手した。これは厳格な仏教の規範を乗り越えて、教えを広汎に援用しようという呼びかけを含んでいた。

一九七〇年代には、日系三世の真宗メンバーズたちが、アメリカ社会と「関係が深くて適切（relevant）」な仏教を目指して、「レレヴァント（適切な）・アメリカン・

ブディスト（Relevant American Buddhists: RAB）」を創設した。当時、私もその一員となって、ドラッグ、性、世代間断絶、戦争など、当時の社会問題について真剣な発言を行った。RAB はロサンゼルスの Senshin Buddhist Temple（洗心仏教会）が始めた和太鼓の普及活動も支援し、現在ではアメリカ中に広まって、大きな人気を得るまでになっている。

また、一九八九年に真宗寺院で始まった「プロジェクト・ダーナ（Project Dana）」は、ハワイの高齢者を対象としたボランティア運動であるが、仏教や宗教の垣根を越えて活動している。アメリカの真宗寺院は、移民社会の中核としても存在してきたので、常に現実的な問題に取り組んでいるのである。

大きなテント

真宗のサンガ（sangha 僧伽）であるお寺のあるべき姿については、真宗者であるという事実を心柱に据えた「大きなテント」が理想だと私は考えている。

真宗が北米に渡ってからの最初の一〇〇年は、民族的な同胞意識が心柱となった。

支えとなる民族意識は、非常に丈夫で安定していた。テントの中にいたのは、ほぼ全員が日系のアメリカ人やカナダ人であり、信仰だけが理由ではなく、文化的、社会的な必要性があって寺院に集まっていた。しかし、若い世代には、その必要性がしだいに薄れつつある。

そこで、これから必要となるのは、テントの心柱を真宗信者へと変化させていくことである。仏法（dharma）が中心にあれば、民族や文化的背景に関係なく、仏教に惹かれるすべての人々がテントの中に参集できる。真宗寺院が存続していく求心力にもなる。

そして、集まった人々が活発に行動し、相互に影響を与え合うことで、より大きな智慧、真の主体性、社会性が育まれていく。ついには、テント内の人々は多くの差異を超越して、「精神的な家族」となれるのである。

家族ということでいえば、『歎異抄』に「心ある者はみな、生死を繰り返す無限の時間の中の親兄弟である」という意味の一節がある。私が特に愛するその部分を引用して、本書の締めくくりとしたい。

「親鸞は、父母の孝養のためとて、一返にても念仏まうしたること、いまださふらはず。そのゆへは、一切の有情はみなもて世々生々の父母兄弟なり」(『歎異抄』五章)

(28) Küng, Hans, et. Al. *Christianity and the World Religions* (Maryknoll, NY: Orbis Books, 1986), p.373.
(29) 『ブッダ真理の言葉』ＮＨＫ出版、二〇一二年、一一一〜一一二頁
(30) 信楽峻麿『真宗の大意』法蔵館、二〇七〜二〇八頁
(31) Taitetsu Unno, *River of Fire River of Water*, Image, 1998, p.12.
(32) Taitetsu Unnno, *Shin Buddhism: Bits of Rubble Turn into Gold*, p.35.

著者紹介　**ケネス・タナカ** (Kenneth Tanaka)

一九四七年、山口県生まれ。武蔵野大学名誉教授。日系二世の両親とともに一九五八年に渡米。スタンフォード大学卒。米国仏教大学院修士課程修了。東京大学大学院修士課程修了。同大学院博士課程退学。カリフォルニア大学（バークレー校）大学院博士課程修了。哲学博士。国際真宗学会前会長。日本仏教心理学会前会長。元仏教キリスト教学会理事。二〇一七年度、第二七回中村元東方学術賞受賞。『アメリカ仏教』（武蔵野大学出版会）ほか、米国での英語の著書も多数ある。

装丁・本文デザイン　三枝未央
編集　斎藤 晃（武蔵野大学出版会）
編集協力　株式会社ウェルテ

目覚めるアメリカ仏教

発行日 2022 年 3 月 30 日　初版第 1 刷

著　者　ケネス・タナカ
発　行　武蔵野大学出版会
〒202-8585 東京都西東京市新町 1-1-20
武蔵野大学構内
Tel. 042-468-3003　Fax. 042-468-3004

印刷 株式会社ルナテック

ISBN 978-4-903281-54-4

武蔵野大学出版会ホームページ
https://mubs.jp/syuppan/

アメリカ仏教
仏教も変わる、アメリカも変わる

ケネス・タナカ【著】

価格：2200 円（税込）A5 判 340 ページ 並製

1960年代、仏教は一般のアメリカ人にほとんど知られていなかった。だが現在では、多くの著名人が仏教への傾倒を表明し、アメリカの文学、芸術などに仏教の影響が見られるようになってきた。アメリカ仏教の歴史や現状、特色と背景、代表的な人物や組織などから、その意義や影響力を解説する。